TESTUNIVERSITARI

Inglese

edizioni
Alpha Test

Via Mercalli, 14 – 20122 – Milano (Italy)

Tel. 02 5845981 – fax 02 58459896

servizi@alphatest.it

www.alphatest.it

ISBN: 978-88-2468-7

Sesta edizione: febbraio 2022

Prima edizione: febbraio 2007

Stampato da Mediagraf, Noventa Padovana (PD)
per conto di Alpha Test S.r.l.
nel febbraio 2022

Indice

Introduzione

Per molti giovani, italiani e di altri Paesi, l'iscrizione all'università è ormai da parecchi anni subordinata al superamento di una prova di selezione e/o valutazione che ha lo scopo di verificare se e in quale misura gli aspiranti studenti abbiano le potenzialità di frequentare con profitto il corso di laurea prescelto.

Attualmente, in Italia, sia nelle più importanti università private sia in quelle statali, quasi tutti i corsi di laurea magistrale a ciclo unico (Medicina e Chirurgia, Odontoiatria e Protesi dentaria, Medicina Veterinaria, Scienze della Formazione primaria e Architettura) e molti corsi di laurea triennali sono caratterizzati dalla presenza del **numero programmato** a livello nazionale o locale: il numero di matricole di questi corsi non può superare il numero di posti stabiliti ogni anno dal Ministero o dai singoli atenei.

In generale, la selezione tra i candidati che desiderano accedere a un corso universitario a numero programmato viene effettuata mediante una prova a test, composta da domande a risposta multipla: si valutano in tal modo le conoscenze e attitudini degli studenti. Il test viene predisposto, a seconda dei casi, o a cura del ministero dell'Università e della Ricerca (come, per esempio, per le prove nazionali di accesso ai corsi di Medicina/Odontoiatria e Veterinaria) o dalle singole università o da consorzi interuniversitari (quale il CISIA). Il risultato che uno studente ottiene nel test determina il **punteggio** con il quale entra nella **graduatoria dei candidati**. Talvolta, a definire la posizione nella graduatoria finale contribuiscono anche i voti conseguiti negli ultimi anni di scuola superiore o il voto dell'Esame di Stato, ma sempre in misura di gran lunga inferiore rispetto al punteggio del test.

Accanto alle prove selettive, quasi tutte le sedi universitarie attivano **prove valutative** e/o di **orientamento** per i corsi ad accesso libero; lo scopo di tali prove è rilevare per ogni studente il livello delle conoscenze e abilità ritenute necessarie per frequentare con profitto il corso prescelto. Questi test non hanno lo scopo di precludere l'iscrizione ma, in caso di esito inferiore a una soglia prestabilita, attribuiscono una sorta di "debito" (Obblighi formativi aggiuntivi, OFA) che lo studente dovrà "saldare" entro il primo anno di corso, dimostrando di aver colmato le lacune evidenziate. Talvolta lo studente – prendendo atto di un esito insufficiente della prova – può decidere spontaneamente di rivedere la propria scelta di studi.

Dunque, anche chi aspira a frequentare un corso universitario ad accesso libero ha quasi sempre l'obbligo di svolgere prima dell'immatricolazione una prova a test; ciò impone agli studenti seriamente motivati di prepararsi in modo mirato per iniziare senza debiti aggiuntivi il proprio percorso di studio.

Alpha Test è la prima e la più importante organizzazione in Italia che da oltre 30 anni offre agli studenti tutti gli strumenti necessari per superare con successo i test selettivi. Opera a livello nazionale con sedi nelle principali città universitarie e si avvale della collaborazione di decine di esperti. Per le diverse prove di ammissione, Alpha Test organizza in tutta Italia dei corsi specifici di preparazione (alphatest.it/Corsi), pubblica la collana *TestUniversitari* composta da oltre settanta tra manuali ed eserciziari, specifici per ogni area di studi (alphatest.it/Libri-Alpha-Test) e ha sviluppato Alpha Test Academy, il nuovo programma on line di assistenza personalizzata allo studio, che guida e aiuta lo studente nella preparazione al test.

Realizzato sulla base dell'analisi di diverse prove ufficiali assegnate negli ultimi anni, questo libro intende essere uno strumento essenziale per il ripasso, l'esercitazione e la verifica delle competenze – rispetto all'inglese – abitualmente richieste nei test preselettivi. È strutturato nei capitoli seguenti:

- morfologia;
- sintassi;
- lessico;
- cultura generale;
- logica e test psicoattitudinali.

Nel capitolo dedicato alla **morfologia** viene offerto un ampio ripasso delle principali regole della grammatica inglese e vengono proposti numerosi esercizi per verificarne il livello di conoscenza. La maggior parte degli esercizi è dedicata ai verbi e le tipologie sono: *fill in the blanks* (frasi da completare) e *sentence* *correction* (frasi contenenti un errore da riconoscere o da correggere con una delle soluzioni offerte). Questi ultimi esercizi permettono di verificare anche la conoscenza della sintassi, e costituiscono, pertanto, una prova più completa e articolata.

Gli esercizi sulla **sintassi** – di cui sono illustrate le regole principali – sono uno strumento di verifica più impegnativo rispetto ai precedenti e richiedono una maggiore riflessione. Alcuni esercizi chiedono di individuare il corretto significato di una parte sottolineata all'interno di una frase (*select the right meaning of the underlined sentence*) e che può corrispondere a un modo dire, un proverbio, un'espressione idiomatica; altri esercizi chiedono di spiegare altrimenti una frase data (*logical reasoning*).

Nel capitolo dedicato al **lessico** sono presenti esercizi che verificano la conoscenza dei vocaboli della lingua inglese, nonché una tabella che segnala le varianti più diffuse di British e American English.

I quesiti di **cultura generale**, divisi in *general knowledge* e *international organization*, hanno come oggetto la realtà politica, economica e culturale internazionale e il funzionamento delle principali organizzazioni internazionali.

Infine, i test di **logica** si suddividono in problemi di natura logica e ragionamento, logica matematica, logica verbale, comprensione di brani, comprensione e ragionamento logico sui brani secondo le tipologie più facilmente riscontrabili in sede di concorso o esame di accesso agli studi universitari.

Il parere dei lettori è importante

Per continuare a migliorare la qualità delle proprie pubblicazioni, Alpha Test considera estremamente prezioso il parere dei propri lettori ai quali chiede la cortesia di esprimere un giudizio su questo libro nell'apposita sezione "Valuta un libro" del sito alphatest.it. Per ogni valutazione ricevuta Alpha Test devolverà 2 euro alla **Fondazione Francesca Rava–NPH Italia Onlus** che aiuta i bambini orfani, abbandonati, ammalati in Italia e nei paesi più poveri del mondo (www.nphitalia.org).

Per informazioni aggiornate sui libri di Alpha Test i lettori possono visitare il sito internet alphatest.it o richiedere il catalogo gratuito a:

Alpha Test S.r.l.
via Mercalli, 14 – 20122 Milano
tel. 02 58 45 981 – fax 02 58 45 98 96
servizi@alphatest.it

I suggerimenti e gli strumenti di Alpha Test per prepararsi al test di ingresso

Il **primo passo** di ogni percorso di preparazione consiste nel procurarsi tutte le informazioni disponibili sul test che si vuole affrontare, cominciando dalle sue precedenti edizioni. Le fonti più autorevoli e aggiornate sono il **sito del ministero dell'Università e della Ricerca** (MUR), i **siti degli atenei** di proprio interesse e **alphatest.it**. Sul sito del MUR gli studenti possono trovare tutta la normativa in materia, mentre sui siti delle singole università e di Alpha Test vengono pubblicati i bandi per i diversi concorsi di ammissione, che integrano le indicazioni del Ministero con le specifiche proprie di ciascuna sede.

Su **alphatest.it** vengono costantemente aggiornati il calendario con le date di svolgimento delle prove a test e la normativa sulle prove di ingresso; vengono inoltre pubblicati i test ufficiali degli ultimi anni risolti e commentati insieme a informazioni e approfondimenti relativi ai diversi corsi di laurea.

Anche i canali social Alpha Test (Facebook, Instagram e Youtube) sono aggiornati in tempo reale su tutte le novità riguardanti sia i test sia le iniziative del Ministero o degli atenei; gli studenti hanno inoltre la possibilità di relazionarsi tra loro e con gli esperti Alpha Test.

Un altro utile strumento a disposizione degli studenti è il **magazine on line** di Alpha Test (**http://magazine.alphatest.it**), dove è possibile consultare centinaia di articoli e approfondimenti in tema di ammissione all'università, con costanti aggiornamenti in tema di metodi e strumenti di studio, orientamento universitario e bandi di concorso.

Il metodo Alpha Test: libri, Alpha Test Academy, corsi in aula e online

Il **passo successivo** per conseguire una preparazione completa è costituito dallo **studio individuale** da effettuare sui libri. Tra i volumi che Alpha Test ha realizzato appositamente per chi deve affrontare i test si ricordano, nella collana *TestUniversitari*, gli altri volumi monotematici (*Chimitest, Fisitest, Matetest, Scienzetest, Logitest* ed *Englishtest*) e i volumi specifici per i singoli corsi universitari (*Manuale di preparazione, Esercizi commentati* e *Prove di verifica* per le aree Medicina, Psicologia, Architettura ecc.).

Alpha Test Academy

È l'innovativo sistema di studio online **personalizzato e assistito** che guida e aiuta lo studente nella preparazione ai test. Per ciascuna delle materie e degli argomenti previsti al test, il programma valuta il livello di preparazione dello studente, propone in modo **adattivo** numerose batterie di domande con difficoltà differenziata e corredate da spiegazioni e commenti multimediali (**link**, **videotutorial**), con rimandi a specifici richiami di teoria. Il materiale e l'assistenza offerti da AlphaTestAcademy.it consentono di chiarire lungo il percorso ogni quesito e dubbio individuale anche attraverso un canale diretto con gli esperti Alpha Test, migliorando progressivamente le proprie conoscenze e capacità in vista del test ufficiale.

AlphaTestAcademy.it assiste in ogni momento lo studente in un lavoro di preparazione mirato e specifico e rappresenta quindi un'utile integrazione e affiancamento al manuale di preparazione o a un corso Alpha Test in aula. AlphaTestAcademy.it è un **ambiente interattivo**, con **gruppi di studio virtuali** e forum di discussione per un confronto diretto. Inoltre, fornisce un costante aggiornamento sulle novità normative e sui test ufficiali. L'abbonamento alla piattaforma è in dotazione ai partecipanti ai corsi Alpha Test e viene abilitato al momento dell'iscrizione. Chi ha già acquistato questo volume può godere di uno sconto importante per l'accesso ad AlphaTestAcademy. Per maggiori informazioni o per provare la demo gratuita visitare il sito alphatest.it

Corsi

Un ulteriore e importante strumento di preparazione alle prove di ammissione che Alpha Test ha ideato per gli studenti più motivati sono i numerosi **corsi in aula** oppure **on line** e di durata differenziata (da pochi giorni di corso ad alcuni mesi). Frequentare un corso Alpha Test consente di completare, perfezionare e consolidare la propria preparazione grazie ai seguenti punti di forza.

1. **La didattica interattiva.** Ogni corso prevede cicli di lezioni e di esercitazioni dedicate al ripasso di tutti gli argomenti oggetto d'esame. Gli studenti possono beneficiare della professionalità di docenti con un'esperienza d'insegnamento unica in Italia, maturata in oltre 30 anni di attività di Alpha Test nel campo specifico della preparazione ai test universitari.
2. **Il materiale supplementare consegnato ai corsi.** Durante le lezioni, a ciascun partecipante viene fornito materiale di studio e di esercitazione aggiuntivo rispetto ai volumi consegnati al momento dell'iscrizione. Si tratta di contenuti didattici estremamente aggiornati e specifici scritti in base alla struttura e ai contenuti del test che si deve affrontare.
3. **I corsi online** prevedono un mix tra lezioni in diretta e *on demand* e si svolgono nell'aula virtuale di **MyDesk**, un sistema di e-learning completo, appositamente realizzato da Alpha Test e già sperimentato con soddisfazione da migliaia di corsisti. **MyDesk** consente infatti ai docenti Alpha Test di seguire gli studenti con la stessa cura che hanno in classe, assicurando quindi la più alta qualità non solo nelle fasi di spiegazione ed esercitazione sulle singole materie ma anche in termini di assistenza e supporto a chiarimento di dubbi individuali. Sono inoltre favoriti il rapporto e il confronto diretto con gli altri studenti nonché la puntuale verifica della progressione nella preparazione.
4. **L'esperienza "sul campo".** In ciascun corso vengono svolte più simulazioni d'esame per mettersi alla prova e per confrontare la propria preparazione con quella di altri candidati.

Infine, chi desidera prepararsi al test di ammissione senza rinunciare a divertimento e nuove amicizie può partecipare a una delle **vacanze-studio Alpha Test** (per informazioni: **alphatest.it/Corsi**).

Test di autovalutazione online

Su **alphatest.it** è possibile autovalutare il proprio livello di preparazione. Il test gratuito prevede 20 domande tratte dai test ufficiali degli ultimi anni da risolvere in 20 minuti e il suo scopo è aiutare il candidato a impostare al meglio il proprio percorso di studio.

Test ufficiali e ultimi aggiornamenti disponibili su alphatest.it

Sul sito **alphatest.it** sono pubblicati continui aggiornamenti riguardo alla normativa sui test, con le eventuali integrazioni agli argomenti e ai programmi d'esame.

App per iOS e Android

Per coloro che possiedono i dispositivi mobili iOS e Android è disponibile la **App AlphaTest** che contiene centinaia di quesiti tratti dalle prove ufficiali con soluzioni commentate dagli esperti Alpha Test. È possibile comporre un numero illimitato di prove simulate.

Segui Alpha Test anche sui social network

Seguire Alpha Test sui profili Instagram, Facebook e Youtube significa essere informati in tempo reale su tutto quello che riguarda i test, confrontarsi con migliaia di fan e ricevere aggiornamenti e consigli dai docenti. Alpha Test è anche su Twitter e Linkedin.

Indicazioni per i partecipanti ai corsi Alpha Test

Alpha Test:

- è **la prima** società in Italia specializzata nel preparare gli studenti ai test di ammissione all'università;
- è **l'unica** organizzazione che può vantare un'esperienza di 35 anni e migliaia di corsi già organizzati su tutto il **territorio nazionale**;
- è scelta dall'**84%** degli ammessi a medicina (risultati certificati da una primaria società di indagini di mercato);
- dal 1987 a oggi ha **preparato con successo** ai test universitari **decine di migliaia di studenti** che si sono trovati in vantaggio rispetto alle altre aspiranti matricole;
- propone **corsi** con durata, programmi e costi differenziati a seconda della prova di selezione e delle esigenze dei singoli studenti, comprese **vacanze-studio, corsi online** e **corsi residenziali**;

- vanta un corpo docente composto da oltre 200 esperti rigorosamente selezionati e costantemente formati: docenti e ricercatori universitari, professionisti e insegnanti con un'**esperienza didattica unica** e **specifica** nel campo della preparazione ai test universitari;
- ha sviluppato, per prima in Italia, una **metodologia didattica innovativa** e specifica per affrontare le prove a test, recentemente potenziata dall'ambiente digitale **Mydesk** riservato ai corsisti;
- effettua l'analisi e la discussione in aula delle **prove ufficiali** utilizzate dalle università negli anni passati;
- propone ai suoi corsisti numerose **prove simulate**, che vengono corrette individualmente on line o mediante l'uso di **lettori ottici** simili a quelli per le correzioni dei test ufficiali; ciò consente ai partecipanti di verificare in tempo reale il proprio livello di preparazione e di apprendimento;
- ha sviluppato una collana di volumi specifici per i diversi test di ammissione, già scelti da oltre cinque milioni di studenti, che vengono **forniti ai partecipanti ai corsi** all'atto dell'iscrizione;
- ha sviluppato **AlphaTestAcademy**, la piattaforma di training online personalizzato, attivata per tutti coloro che si iscrivono a un corso;
- mette a disposizione degli studenti un servizio di esercitazione *on line* – all'indirizzo **Testonline.it** – dove è possibile simulare i test di ammissione ai singoli corsi di studio.

I risultati conseguiti nelle prove di ammissione dai corsisti Alpha Test negli scorsi anni – unitamente a quanto sopra elencato – ci consentono di affermare che prepararsi a un test frequentando lo specifico corso Alpha Test rappresenta la scelta migliore per chi è veramente motivato ad accedere al corso universitario desiderato. I dati dicono che in tal modo si aumenta fino a sette volte la probabilità di ammissione rispetto a quella degli altri candidati.

Alpha Test e il suo corpo docente mettono a disposizione l'esperienza maturata e forniscono tutto l'aiuto necessario affinché i propri studenti possano prepararsi nel modo più rapido, completo ed efficace alla prova di selezione. Per accrescere ulteriormente la probabilità di successo è comunque **essenziale l'impegno** degli studenti nelle attività di **studio individuale e di esercitazione prima e durante lo svolgimento del corso.**

Per facilitare la preparazione preliminare degli studenti, Alpha Test consegna già all'atto dell'iscrizione i volumi per lo studio (MANUALE DI PREPARAZIONE, ESERCIZI COMMENTATI, PROVE DI VERIFICA e RACCOLTA DI QUESITIUFFICIALI – quest'ultimo solo per i corsi di maggior durata) e il codice di attivazione per AlphaTestAcademy valido fino al momento del test ufficiale.

Consigliamo di leggere i libri (almeno il manuale) prima dell'inizio del corso con l'obiettivo di acquisire almeno una conoscenza di base degli argomenti trattati. Questa raccomandazione vale in particolar modo per chi sceglie di frequentare uno dei corsi Alpha Test di durata minore.

Sempre al momento dell'iscrizione al corso, Alpha Test fornisce una guida operativa con istruzioni e consigli utili per avviare la preparazione anche prima dell'inizio delle lezioni e con importanti informazioni sul test di ammissione di interesse dello studente.

Durante il corso l'attenzione viene focalizzata in modo specifico sulle tipologie di quesiti previsti nella prova di ammissione di interesse. Viene inoltre esaminato e discusso con i docenti un consistente numero di esercizi diversi da quelli presenti nei libri e contenuti in appositi materiali didattici aggiornati ogni anno e distribuiti durante il corso esclusivamente ai partecipanti.

Informazioni e modalità di iscrizione ai corsi Alpha Test

Le iscrizioni ai corsi Alpha Test per la preparazione ai test di ammissione universitari sono sempre aperte, sino all'esaurimento dei posti disponibili (i corsi sono riservati a un numero limitato di partecipanti per garantire le migliori condizioni di apprendimento).

Le informazioni aggiornate relative al calendario e alla quota di partecipazione di ciascun corso sono disponibili su alphatest.it o chiamando il numero verde 800 017 326.

Per chi avesse già acquistato **presso un centro Alpha Test** l'ultima edizione dei libri in dotazione al corso, è prevista una riduzione della quota di iscrizione al corso pari al 100% del prezzo di copertina dei libri; se i libri sono stati acquistati **in libreria** tale riduzione è pari al 50% del prezzo di copertina.

L'iscrizione ai corsi e l'acquisto dei libri Alpha Test possono essere effettuati:

- **on line** su **alphatest.it**;

- **telefonicamente**, chiamando il numero verde 800 017 326;
- presso uno dei **centri Alpha Test** (per conoscere il più vicino visitare il sito **alphatest.it/Corsi** o chiamare il numero verde 800 017 326);
- scrivendo a **servizi@alphatest.it**.

I libri Alpha Test si possono acquistare anche presso le **migliori librerie**, fisiche e on line, di tutta Italia.

Chi desidera ricevere, gratuitamente e senza impegno, materiale informativo relativo ai corsi e/o ai libri Alpha Test, può visitare il sito internet **alphatest.it** o richiedere il catalogo gratuito a:

Alpha Test S.r.l.
via Mercalli, 14 – 20122 Milano
tel. 02 58 45 981 – fax 02 58 45 98 96
servizi@alphatest.it

Suggerimenti per affrontare il test

Per affrontare al meglio un test a risposta multipla è importante conoscere in anticipo le sue caratteristiche più importanti. Per esempio quali siano le modalità di svolgimento della prova, la sua composizione, il numero dei quesiti e delle alternative di risposta, e – se possibile – le tipologie di esercizi che si dovranno risolvere. Ciò infatti consente anche di preparare le opportune "strategie" da attuare per valorizzare al massimo le proprie conoscenze e potenzialità.

Nelle prove di ammissione per corsi a numero programmato, il criterio adottato dalle università italiane per selezionare i candidati è di tipo **comparativo**. Cioè per superare la selezione, **lo studente deve figurare tra i migliori** nella graduatoria. In altre parole, per superare la selezione non vi è una soglia di punteggio da superare ma occorre svolgere il test di ammissione meglio di un certo numero di altri candidati.

Tuttavia, a partire dal 2011, i test di ammissione a base nazionale prevedono comunque una soglia minima qualificante di 20 punti: anche qualora residuassero posti disponibili, i candidati con punteggio inferiore a tale soglia non potrebbero immatricolarsi perché giudicati non idonei. Dunque, totalizzare 20 punti al test rappresenta una condizione necessaria ma non sufficiente per l'immatricolazione ai corsi universitari che prevedono test nazionali.

Prima di addentrarsi nell'analisi dei contenuti dei test e degli esercizi che li compongono, è opportuno considerare alcuni suggerimenti solo in apparenza banali, e invece molto utili al fine di ottimizzare il risultato nella prova di ammissione.

Prima del test

Il primo suggerimento, di carattere generale, è leggere con grande attenzione e per intero il **bando di concorso**, compresi gli allegati con i programmi di esame. Inoltre bisogna tenere in considerazione anche le **disposizioni** pubblicate dalla sede universitaria dove lo studente svolgerà la prova. Gli atenei e il Ministero, infatti, sono le fonti di informazioni **ufficiali** relative alle norme, alle modalità di selezione, alla struttura e ai contenuti della prova che regola l'ammissione al corso di studi scelto.

In particolare è importante avere ben chiare le indicazioni relative a: modalità di iscrizione alla prova; titoli necessari per potere partecipare al concorso; giorno e ora di svolgimento della prova di interesse, nonché la sua durata ecc.

L'emergenza pandemica ha spinto molte università e corsi di laurea ad adottare prove selettive *computer based*, da svolgere in multisessione (cioè su più turni e/o più giorni) in una pluralità di sedi o addirittura al domicilio dei candidati. Sarà cura dello studente verificare in quale modalità sarà somministrato il test di suo interesse. Sicuramente, in caso di test in presenza, bisognerà ricordare di recarsi all'esame con un documento di identità valido, la ricevuta di iscrizione ed eventuali ricevute di pagamento richieste.

Il giorno del test

In sede d'esame, prima del suo inizio, di solito vengono comunicate ai candidati le **norme alle quali attenersi durante tutte le fasi di svolgimento del test**. Tali norme riguardano, per esempio: il tempo totale a disposizione, le modalità con cui indicare le risposte sull'apposita scheda cartacea o, in caso di prova computer based, le istruzioni per l'utilizzo della piattaforma; vengono inoltre fornite altre indicazioni su come comportarsi durante l'esame e al suo termine.

È necessario rispettare scrupolosamente tutte le regole, evitando così errori banali ma sostanziali (quale, per esempio, la compilazione errata della scheda per le risposte o l'omissione di una firma), che potrebbero compromettere la validità della prova e quindi l'ammissione.

In alcuni casi, all'interno del test stesso gli esercizi sono preceduti da **istruzioni circa le modalità di risoluzione** dei quesiti e a volte anche da un esempio risolto. È importante in questi casi non lasciarsi prendere dalla fretta di mettersi subito al lavoro, ma dedicare la massima attenzione alla lettura di queste istruzioni, indispensabili per capire la logica degli esercizi e per rispondere correttamente alle domande.

Domande a risposta multipla

I test che vengono utilizzati per l'ammissione all'università sono costituiti da domande a risposta **chiusa**, le cui risposte sono cioè predefinite: il candidato deve individuare la sola risposta esatta tra le alternative proposte. Per rispondere a una domanda *aperta* (cioè non corredata da risposte prefissate) come per esempio "Qual è la capitale della Colombia?", occorre conoscere l'esatta nozione che consente di dare la risposta. Nel caso di *domande a scelta multipla* è invece possibile procedere anche in maniera diversa.

Si ipotizzi, per esempio, di dover rispondere al medesimo quesito, però a risposta multipla.

---

1 **Qual è la capitale della Colombia?**

A Delhi
B Buenos Aires
C Bogotá
D Brasilia
E Santiago

In questo caso è possibile determinare la risposta corretta procedendo in due modi distinti:

1. ragionando come se si trattasse di una domanda aperta: sapendo che la capitale della Colombia è Bogotá, si individua direttamente la risposta corretta (C) senza valutare le altre risposte proposte;
2. se, al contrario, non si conosce la risposta alla domanda, ma si ricordano altri accoppiamenti Paese/capitale, è possibile individuare la risposta corretta eliminando le alternative errate: sapendo che Delhi è la capitale dell'India, Buenos Aires dell'Argentina, Santiago del Cile e Brasilia del Brasile, per esclusione si può concludere che la risposta esatta è la C.

In altre parole, per rispondere correttamente a una domanda a scelta multipla non è sempre strettamente necessario conoscere la risposta esatta: a volte la soluzione può essere individuata indirettamente, escludendo le alternative errate.

Nel caso in cui, procedendo per esclusione, il candidato non riesca a eliminare tutte le alternative errate, il metodo di risposta per eliminazione permette comunque di aumentare le probabilità di individuare la risposta corretta: l'esclusione di una o più risposte riduce infatti il numero delle alternative tra cui si rimane incerti e quindi incrementa la probabilità di individuare l'alternativa corretta.

Valore dei quesiti e gestione del tempo

Come i partecipanti ai corsi Alpha Test hanno modo di sperimentare durante lo svolgimento delle prove simulate, il **tempo** rappresenta uno dei fattori critici per affrontare con successo un test di ammissione. Infatti, le prove sono spesso progettate e formulate in modo tale da permettere solo ai più preparati e ai più veloci di rispondere, entro i termini concessi, alla totalità delle domande.

È dunque imperativo impiegare razionalmente ogni minuto, avendo ben presente – prima di iniziare la prova – il tempo medio a disposizione per ogni quesito (calcolato sui minuti complessivi divisi per il numero dei quesiti stessi), ed evitando di soffermarsi su una singola domanda per un tempo eccessivamente superiore. In generale, il consiglio è di non superare il tempo medio per più del 20%: questa dilazione per gli esercizi più complessi viene infatti compensata dalla presenza di altri di più veloce risoluzione.

Superare questa soglia può non essere conveniente: nei test di ammissione ai quali questo libro si rivolge, **tutti gli esercizi attribuiscono lo stesso punteggio** e dedicare troppo tempo per risolverne uno particolarmente difficile riduce la possibilità di rispondere correttamente a domande più semplici, ma che hanno lo stesso valore.

Se ogni risposta corretta fa "guadagnare" lo stesso punteggio, a parità di tempo impiegato conviene risolvere due esercizi semplici piuttosto che uno complesso.

Se, per esempio, il tempo a disposizione per l'intero test è di 100 minuti e gli esercizi da risolvere sono 60, il tempo medio per quesito è di 1 minuto e 40 secondi (100 secondi): quindi, bisogna evitare di dedicare più di due minuti allo svolgimento del singolo quesito.

L'obiettivo da raggiungere è rispondere correttamente al maggior numero possibile di esercizi; si consiglia quindi, compatibilmente con i vincoli imposti dalle modalità di svolgimento della prova, di affrontare prima gli esercizi che – per argomento o tipologia – si presume di riuscire a risolvere più facilmente e velocemente, per tornare poi a quelli più ostici per i quali si prevede un dispendio di tempo maggiore.

Scelta casuale della risposta?

Ove possibile, è utile evidenziare con un segno di riconoscimento sul fascicolo del test i quesiti su cui si vuole ritornare con calma: sarà così possibile ritrovarli velocemente dopo aver risposto alle domande di più veloce risoluzione. Lo stesso consiglio vale per le domande a cui si è data una risposta che, compatibilmente con il tempo a disposizione, si vorrebbe riconsiderare.

La correzione dei test attribuisce in genere un punteggio positivo per le risposte corrette e, nella più parte dei casi, l'attribuzione di un punteggio negativo per ogni risposta errata (di solito quantificato in una frazione di punto). Ai quesiti omessi, a cui cioè non si è risposto, viene di norma attribuito punteggio nullo.

Per esempio, l'ultima edizione dei test in Medicina/Odontoiatria, ha previsto quesiti con 5 alternative e l'attribuzione dei seguenti punteggi:

- risposta esatta: + 1,5
- risposta errata: – 0,4
- risposta omessa: 0

La penalità sulle risposte errate ha lo scopo di annullare il punteggio positivo che, statisticamente, il candidato potrebbe conseguire rispondendo a caso in assenza di tale penalità.

Ma **è conveniente o no rispondere a caso** ai quesiti che non si sanno risolvere?

Si supponga di non conoscere le risposte dei 60 quesiti (con 5 risposte alternative ciascuno) della prova. Ragionando statisticamente, scegliendo a caso si risponderebbe in modo corretto a un esercizio ogni 5, ossia in totale a 12 esercizi (60 diviso 5) e in modo errato ai restanti 48 quesiti. Il punteggio totalizzato sarebbe dunque:

- risposte esatte: $12 \times (+1,5) = +18$
- risposte errate: $48 \times (-0,4) = -19,2$
- risposte nulle: $0 \times 0 = 0$
- punteggio totale: $18 - 19,2 = -1,2$

Si otterrebbe quindi un punteggio negativo: è quindi **sconsigliato rispondere a caso quando si è indecisi tra cinque alternative**.

È evidente, però, che il punteggio totalizzato rispondendo casualmente sarà tanto maggiore quanto minore è il numero di alternative tra cui si è indecisi e quanto minore è la penalità attribuita alle risposte errate. Il numero delle alternative tra cui si è indecisi non coincide necessariamente con quello delle alternative esistenti. Se, per esempio, le alternative proposte sono 5, ma il candidato riesce a eliminarne una che sa per certo essere errata, la valutazione statistica va rivista ragionando su 4 alternative.

In questa circostanza rispondendo a caso si risponderebbe in modo corretto a 15 esercizi (60/4) e si sbaglierebbero i restanti 45 quesiti:

- Risposte esatte: $15 \times (+1,5) = +22,5$
- Risposte errate: $45 \times (-0,4) = -18$
- Risposte nulle: $0 \times 0 = 0$
- Punteggio totale: $22,5 - 18 = +4,5$

Quindi, se restasse invariata la struttura dei quesiti con 5 alternative, è sufficiente scartare almeno una alternativa per rendere statisticamente conveniente rispondere a caso a un quesito che non si sa risolvere.

Nella pratica, scartare almeno una alternativa di risposta è cosa possibile anche quando l'argomento del quesito risulti poco o per nulla noto al candidato. Infatti quasi sempre almeno una delle risposte fornite è palesemente errata. Si veda per esempio:

2 **In base alla Costituzione, l'Italia è:**

- A una repubblica regionale
- B uno Stato federale
- C una repubblica democratica, fondata sul lavoro
- D una repubblica presidenziale, fondata sul lavoro
- E uno Stato federato

Anche senza ricordare la definizione precisa che la Costituzione dà dello Stato italiano, è facile riuscire a escludere le alternative B ed E che si segnalano per l'evidente implausibilità. L'Italia infatti è uno Stato unitario che non si articola al suo interno in altre entità statali né è a sua volta parte di uno Stato federale. Al candidato resterà dunque, eventualmente, il dubbio tra tre sole alternative (la risposta esatta è C).

Scheda per le risposte e correzioni

Se la prova in presenza prevede l'utilizzo di una scheda cartacea, il candidato – una volta individuata la risposta che si ritiene corretta per un dato quesito – la deve segnare sull'apposita *scheda per le risposte* (si veda l'esempio riportato nella pagina seguente), distinta dal fascicolo contenente gli esercizi. L'operazione, in sé semplicissima, va tuttavia svolta con grande attenzione: si tratta infatti di evidenziare la lettera che identifica la risposta che si vuole indicare in corrispondenza del numero dell'esercizio. Scambiare un numero di esercizio per un altro è la più banale delle sviste e comporta spesso gravi conseguenze.

Per la correzione delle schede vengono utilizzati *elaboratori elettronici* dotati di *lettori ottici*, il candidato deve quindi contrassegnare come indicato nelle istruzioni lo spazio (un "cerchietto" o "quadratino") corrispondente all'alternativa ritenuta esatta.

Nelle prove degli ultimi anni per l'accesso a Medicina, Odontoiatria e Veterinaria delle università statali i candidati hanno avuto la possibilità di effettuare eventualmente **una correzione** per ogni domanda, sulla scheda delle risposte. È comunque consigliabile **limitare al minimo le correzioni**.

Si riporta di seguito un modello di scheda cartacea delle risposte, comprensiva delle istruzioni su come indicare le risposte e su come effettuare le correzioni. Sia la scheda sia il metodo di correzione potrebbero cambiare da un test all'altro o da un anno all'altro. È quindi importante leggere sempre tutto il materiale che viene fornito in sede d'esame e seguire integralmente quanto indicato.

Sulle schede per le risposte sono solitamente presenti aree (con cerchi neri, codici a barre o altro) indispensabili al corretto funzionamento del sistema ottico di lettura e correzione. All'interno di tali aree bisogna evitare di tracciare alcun segno di scrittura che potrebbe pregiudicare il corretto funzionamento del lettore.

Si raccomanda di non apporre alcun segno al di fuori delle caselle previste e di non sgualcire o piegare la scheda.

M.I.U.R. — Ministero dell'Istruzione, dell'Università e della Ricerca

Modulo risposte

0 0 0 0 0 2 5 8 1 B

ATTENZIONE: NON piegare o sgualcire questa scheda

Cultura generale e ragionamento logico

	N° domanda	A	B	C	D	E
○	1	☐	☐	☐	☐	☐
○	2	☐	☐	☐	☐	☐
○	3	☐	☐	☐	☐	☐
○	4	☐	☐	☐	☐	☐
○	5	☐	☐	☐	☐	☐
○	6	☐	☐	☐	☐	☐
○	7	☐	☐	☐	☐	☐
○	8	☐	☐	☐	☐	☐
○	9	☐	☐	☐	☐	☐
○	10	☐	☐	☐	☐	☐
○	11	☐	☐	☐	☐	☐
○	12	☐	☐	☐	☐	☐
○	13	☐	☐	☐	☐	☐
○	14	☐	☐	☐	☐	☐
○	15	☐	☐	☐	☐	☐
○	16	☐	☐	☐	☐	☐
○	17	☐	☐	☐	☐	☐
○	18	☐	☐	☐	☐	☐
○	19	☐	☐	☐	☐	☐
○	20	☐	☐	☐	☐	☐
○	21	☐	☐	☐	☐	☐
○	22	☐	☐	☐	☐	☐

Biologia

	N° domanda	A	B	C	D	E
○	23	☐	☐	☐	☐	☐
○	24	☐	☐	☐	☐	☐
○	25	☐	☐	☐	☐	☐
○	26	☐	☐	☐	☐	☐
○	27	☐	☐	☐	☐	☐
○	28	☐	☐	☐	☐	☐
○	29	☐	☐	☐	☐	☐
○	30	☐	☐	☐	☐	☐
○	31	☐	☐	☐	☐	☐
○	32	☐	☐	☐	☐	☐
○	33	☐	☐	☐	☐	☐
○	34	☐	☐	☐	☐	☐
○	35	☐	☐	☐	☐	☐
○	36	☐	☐	☐	☐	☐
○	37	☐	☐	☐	☐	☐
○	38	☐	☐	☐	☐	☐
○	39	☐	☐	☐	☐	☐
○	40	☐	☐	☐	☐	☐

Chimica

	N° domanda	A	B	C	D	E
○	41	☐	☐	☐	☐	☐
○	42	☐	☐	☐	☐	☐
○	43	☐	☐	☐	☐	☐
○	44	☐	☐	☐	☐	☐
○	45	☐	☐	☐	☐	☐
○	46	☐	☐	☐	☐	☐
○	47	☐	☐	☐	☐	☐
○	48	☐	☐	☐	☐	☐
○	49	☐	☐	☐	☐	☐
○	50	☐	☐	☐	☐	☐
○	51	☐	☐	☐	☐	☐
○	52	☐	☐	☐	☐	☐

Matematica e Fisica

	N° domanda	A	B	C	D	E
○	53	☐	☐	☐	☐	☐
○	54	☐	☐	☐	☐	☐
○	55	☐	☐	☐	☐	☐
○	56	☐	☐	☐	☐	☐
○	57	☐	☐	☐	☐	☐
○	58	☐	☐	☐	☐	☐
○	59	☐	☐	☐	☐	☐
○	60	☐	☐	☐	☐	☐

1. Ogni domanda ammette **una e una sola** risposta esatta. Si risponde barrando la relativa casella, ad esempio con una crocetta ben marcata, avendo cura di rimanere entro i bordi della casella stessa.

   ○ 1 ☒ ☐ ☐ ☐ ☐

2. Per correggere una risposta errata è necessario **annerire completamente** la casella e barrare quella corretta. Per ogni domanda **è ammessa una sola** correzione.

   ○ 2 ■ ☐ ☐ ☐ ☒

3. Se si intende annullare una risposta già data o non rispondere a una domanda occorre annerire la casella circolare a sinistra del numero progressivo.

   ⊗ 3 ■ ☐ ☐ ☐ ☒

   ⊗ 4 ☐ ☐ ☐ ☐ ☐

Esempio di scheda delle risposte con possibilità di correzione ed estratto di istruzioni per la corretta compilazione della scheda.

1 | Morfologia

La morfologia è quella parte della grammatica che si occupa dello studio delle forme e delle funzioni che le parole assumono all'interno della frase; la morfologia classifica dunque le parole in categorie (articoli, sostantivi, aggettivi, verbi ecc.) e ne esamina le flessioni e le derivazioni (genere, numero, aggettivazione, sostantivazione ecc.). In questo capitolo vengono esaminate in modo essenziale le parti del discorso, ovvero le diverse categorie grammaticali che concorrono a formare una frase, e vengono proposti infine numerosi esercizi, dalla difficoltà variabile, correlati dalle soluzioni e dai commenti.

Negli esami a test, gli esercizi di inglese prevedono solitamente due tipologie principali: frasi del tipo *fill in the blanks*, per cui il candidato deve scegliere, fra le alternative proposte, quella che completa correttamente la frase data; frasi con una parte sottolineata contenente uno o più errori, per cui il candidato deve scegliere, fra le alternative proposte, quella che, sostituita alla parte sottolineata, rende corretta la frase.

I quesiti riguardano generalmente le regole fondamentali della grammatica e raramente prendono in considerazione eccezioni o casi particolari. È pertanto opportuno effettuare un ripasso generale delle regole utilizzando uno dei testi in uso nelle scuole superiori. Gli argomenti che compaiono più frequentemente sono qui di seguito descritti.

- **Tempi verbali**: il candidato deve completare la frase con la coniugazione corretta. È opportuno leggere attentamente la frase data, prestando attenzione agli *avverbi* presenti (molto spesso forniscono indicazioni precise sul tempo da usare), alla presenza di eventuali forme interrogative e alla persona: può infatti capitare che, tra le alternative, vi sia un verbo coniugato al tempo corretto ma alla persona sbagliata ecc. Gli esercizi possono riguardare la differenza di uso dei seguenti tempi:
    - Present Simple/Present Continuous (es: *I do – I'm doing*);
    - Future Simple/Intentional Future (*I will do– I am going to do*);
    - Present Perfect/Past Simple (es: *I've done – I did*);
    - Past Simple/Past Continuous (es: *I did – I was doing*);
    - Conditional (*I would/should/could/might do*).
- **Preposizioni**: il candidato deve scegliere le proposizioni più appropriate. Gli esercizi possono riguardare:
    - preposizioni di tempo e/o spazio;
    - preposizioni legate a nomi o aggettivi;
    - preposizioni legate a verbi (quindi *phrasal verbs*).
- **Uso dei verbi modali:** questa tipologia di esercizi riguarda l'uso corretto di verbi come *can, could,, may, might, must, should, will, shall, would* ecc.
- **Aggettivi e pronomi possessivi, dimostrativi, relativi e indefiniti:** il candidato deve completare le frasi utilizzando il pronome o aggettivo appropriato.

1.1 | Articoli

L'**articolo determinativo** che vale per il singolare, il plurale, il femminile, il maschile e il neutro è ***the***.

The house is big – La casa è grande

Di norma, l'articolo si omette davanti a sostantivi plurali che indicano una categoria considerata in termini generali.

Students get their diploma at 18 years of age – Gli studenti conseguono il diploma a 18 anni
Children usually love candies and toys – Di solito i bambini amano le caramelle e i giocattoli

L'**articolo indeterminativo** singolare che vale per il femminile, il maschile e il neutro, è ***a/an***: ***a*** precede i sostantivi che iniziano per consonante, ***h*** aspirata e i suoni ***ju / ja / wa*** (***uniform***, ***useful***, ***young***, ***one-***); ***an*** precede i sostantivi che iniziano per vocale e ***h*** muta (***honour***, ***heir***, ***honest***, ***hour***).

I read a very boring book – Ho letto un libro molto noioso
He arrived an hour later – È arrivato con un'ora di ritardo / un'ora dopo

1.2 | Nomi

Di tutte le possibili classificazioni dei nomi, viene offerto un ripasso di quelle fondamentali: sostantivi numerabili e non, collettivi, difettivi, aggettivati e composti. È opportuno accennare anche ai "falsi amici", ovvero a quei sostantivi che, per quanto molto simili nell'etimologia a corrispondenti vocaboli italiani, hanno un significato differente da questi ultimi.

Genere

Nella lingua inglese non esiste distinzione di genere nei sostantivi e negli aggettivi; esistono però sostantivi per il maschile e sostantivi per il femminile di una stessa categoria: ***man-woman***, ***king-queen*** ecc.

Plurale

Normalmente, per formare il plurale dei sostantivi basta aggiungere una ***-s***: ***students***, ***books***, ***houses*** ecc. Vi sono alcune semplici eccezioni:

- ai sostantivi terminanti in ***-s***, ***-ss***, ***-ch***, ***-sh***, ***-x***, ***-z***, ***-o*** (a eccezione delle parole di origine diversa da quella inglese) si aggiunge ***-es***: ***churches***, ***boxes***, ***brushes***, ***potatoes*** ecc.;
- ai sostantivi terminanti in ***-y*** si aggiunge:
  - ***-s***, se la *y* è preceduta da vocale: ***boy-boys;***
  - ***-ies*** (al posto della -y), se la *y* è preceduta da consonante: ***lady-ladies*** ecc.;
- i sostantivi terminanti in ***-f*** o ***-fe*** formano il plurale in ***-ves***: ***life-lives***, ***leaf-leaves*** ecc.;
- i seguenti sostantivi cambiano radicalmente: ***child-children***, ***foot-feet***, ***tooth-teeth***, ***man-men***, ***woman-women***, ***mouse-mice***.

1.2.1 | Sostantivi numerabili (countable) e non numerabili (uncountable)

I *countable nouns*, o sostantivi numerabili, hanno la forma singolare e plurale, mentre gli *uncountable nouns*, o sostantivi non numerabili, hanno soltanto la forma singolare e il verbo che li segue è al singolare.

- Countable:

Your report is interesting – La tua relazione è interessante
Your reports are interesting – Le tue relazioni sono interessanti

- Uncountable:

The information you gave me is right – Le informazioni che mi hai dato sono corrette

I sostantivi non numerabili sono generalmente nomi di sostanze **solide**, **liquide** o **gassose**, nomi **astratti**, **gerundi** usati come sostantivi. Per esempio: *health* (salute), *weather* (tempo), *advice* (suggerimento), *information* (informazione), *trade* (commercio), *water* (acqua), *rice* (riso), *bread* (pane), *salt* (sale), *milk* (latte), *progress* (progresso), *research* (ricerca), *news* (notizie), *luggage* (bagaglio), *furniture* (arredamento), *knowledge* (conoscenza), *hair* (capelli), *accommodation* (alloggio), *crockery* (stoviglie), *cutlery* (posate), *business* (affari), *equipment* (equipaggiamento /

strumentazione), *homework* (compiti), *housework* (lavori domestici), *money* (denaro), *produce* (prodotti agricoli), *rubbish* (spazzatura), *shopping* (spese), *iron* (ferro), *light* (luce), *paper* (carta), *success* (successo), *wood* (legno), *glass* (vetro), *damage* (danno), *fruit* (frutta), *clothing* (abbigliamento), *permission* (permesso), *poetry* (poesia) ecc.

Per indicare una quantità precisa di uno di tali nomi non numerabili è necessario premettere un'espressione, come il generico *a little of*, oppure, più specificatamente: *a bar of* (una barra di), *a bit of* (un pezzo di), *a piece of* (un pezzo di), *a bottle of* (una bottiglia di), *a litre of* (un litro di), *a cup of* (una tazza di), *a pound of* (una libbra di), *a kilo of* (un chilo di), *a sheet of* (un foglio di), *a slice of* (una fetta di), *a burst of* (uno scoppio di), *a round of* (un ciclo, uno scroscio di), *an article of* (un articolo di), *an item of* (un articolo di), *a state of* (uno stato, una condizione di), *a flash of* (un lampo, uno sprazzo di), *a means of* (un mezzo di), *a clap of* (un colpo, un battimano di), *a loaf of* (una pagnotta / cespo di), *a chorus of* (un coro di), *a pair of* (un paio di), *a pane of* (un tratto di), *a stretch of* (un abuso, eccesso di).

A piece of bread – Un pezzo di pane
A kilo of oranges – Un chilo di arance

1.2.2 | Nomi collettivi

I **nomi collettivi** sono seguiti da un verbo al singolare se all'interno della frase esprimono un'unica entità. È il caso di: ***clergy*** (clero), ***government*** (governo), ***majority*** (maggioranza), ***minority*** (minoranza), ***class*** (classe), ***staff*** (organico), ***team*** (squadra), ***committee*** (commissione), ***company*** (società), ***cattle*** (bestiame), ***people*** (gente), ***police*** (polizia), ***family*** (famiglia), ***firm*** (azienda), ***aristocracy*** (aristocrazia), ***army*** (esercito), ***association*** (associazione), ***audience*** (pubblico), ***cast*** (complesso di attori), ***club*** (club), ***confederation*** (confederazione), ***crew*** (equipaggio), ***council*** (consiglio), ***enemy*** (nemico), ***group*** (gruppo), ***media*** (media), ***parliament*** (parlamento), ***navy*** (marina), ***opposition*** (opposizione), ***press*** (stampa), ***public*** (pubblico), ***school*** (scuola) e altri.

People like watching television – Alla gente piace guardare la televisione

Se invece vengono considerati i singoli elementi del gruppo, i nomi collettivi sono seguiti da un verbo al plurale.

My family lives in London – La mia famiglia [l'intero nucleo] abita a Londra
My family have studied German – La mia famiglia [ciascuno dei suoi componenti] ha studiato tedesco

1.2.3 | Nomi difettivi

I nomi difettivi sono nomi a cui manca o la forma singolare o la forma plurale.

Non hanno il singolare: ***acoustics*** (acustica), ***arms*** (armi), ***belongings*** (averi o effetti personali), ***contents*** (argomenti), ***earnings*** (guadagno), ***ethics*** (etica), ***spirits*** (umore), ***surroundings*** (dintorni), ***thanks*** (ringraziamento), ***pyjamas*** (pigiama), ***clothes*** (vestiti), ***goods*** (merci), ***outskirts*** (periferia), ***stairs*** (scale), ***customs*** (dogana), ***premises*** (strutture) e altri. Tuttavia, alcuni di essi, quali ***news*** (notizie), ***chips*** (patatine), ***politics*** (politica), ***physics*** (fisica), ***mathematics*** (matematica), ***series*** (serie), ***measles*** (morbillo), ***draughts*** (dama), ***darts*** (freccette) sono seguiti da verbi e pronomi al singolare.

Non hanno il plurale: ***anguish*** (angoscia), ***applause*** (plauso o elogio), ***armour*** (armatura), ***assent*** (assenso), ***attention*** (attenzione), ***behaviour*** (comportamento), ***blackmail*** (ricatto), ***capacity*** (capacità), ***capital*** (capitale), ***censure*** (censura), ***cloth*** (tessuto o panno), ***condition*** (condizione), ***consent*** (consenso), ***darkness*** (oscurità), ***defence*** (difesa o protezione), ***encouragement*** (incoraggiamento), ***experience*** (esperienza), ***fun*** (divertimento), ***gossip*** (pettegolezzo), ***headway*** (progresso), ***insurance*** (assicurazione), ***jewellery*** (gioielli), ***laughter*** (risata), ***litter*** (rifiuti), ***magic*** (magia), ***make-up*** (trucco), ***rain*** (pioggia), ***revenge*** (vendetta), ***snow*** (neve), ***soap*** (sapone), ***strength*** (forza), ***traffic*** (traffico), ***transport*** (trasporto), ***waste*** (spreco), ***wealth*** (ricchezza), ***bread*** (pane) e i sostantivi non numerabili già elencati. Tra questi ultimi sostantivi alcuni hanno anche la forma plurale, ma il loro significato cambia.

1.2.4 | Nomi aggettivati

I nomi aggettivati sono **sostantivi con valore di aggettivo** che, quindi, precedono altri sostantivi restando alla forma singolare: ***car park*** (parcheggio), ***table cloth*** (tovaglia), ***ring finger*** (anulare) ecc.

I due nomi possono fondersi in un'unica parola: ***raincoat*** (impermeabile), ***homework*** (compiti), ***toothbrush*** (spazzolino da denti).

Quando vengono impiegati in espressioni indicanti la quantità restano al singolare: ***a two-year course*** (un corso di due anni), ***a ten-pound note*** (una banconota da dieci sterline), ***a three-mile walk*** (una passeggiata di tre miglia).

A volte (quando attribuiscono qualità) subiscono l'aggiunta del suffisso ***-ed***: ***a blond-haired girl*** (una ragazza dai capelli biondi), ***a one-eyed sailor*** (un marinaio con un solo occhio), ***a narrow-minded man*** (un uomo dalla mentalità chiusa).

1.2.5 | Nomi composti

I nomi composti sono una coppia di sostantivi dei quali il primo esprime o la categoria di appartenenza o la funzione del secondo sostantivo: ***football player*** (giocatore di football), ***spy story*** (racconto di spionaggio), ***love affair*** (relazione amorosa).

Il primo sostantivo può indicare:

- il luogo: ***Oxford station, newspaper article*** (stazione di Oxford, articolo di giornale);
- il tempo: ***afternoon tea*** (tè del pomeriggio);
- il materiale: ***snowflake*** (fiocco di neve);
- la funzione: ***teaspoon***, ***coffee-cup*** (cucchiaino da tè, tazzina da caffè);
- una parte: ***table leg*** (gamba del tavolo);
- un complemento: ***girl-friend*** (fidanzata);
- l'oggetto interessato: ***blood-test*** (esame del sangue).

1.2.6 | Falsi amici

I cosiddetti "falsi amici" sono parole che, sebbene molto simili a parole italiane dal punto di vista etimologico, hanno un significato diverso. I ***false friends*** più comuni sono: ***abstemious*** (frugale), ***actually*** (veramente), ***addict*** (dipendente, schiavo di un vizio), ***advertisement*** (pubblicità), ***advice*** (consiglio), ***to annoy*** (irritare), ***argument*** (discussione), ***brave*** (coraggioso), ***camera*** (macchina fotografica), ***candid*** (schietto), ***canteen*** (mensa), ***commodity*** (bene di largo consumo), ***comprehensive*** (esauriente), *consistent* (coerente), ***convenient*** (comodo), ***delusion*** (illusione), ***disgrace*** (vergogna), ***editor*** (redattore), ***educated*** (istruito), ***eventually*** (infine), ***fabric*** (tessuto), ***facilities*** (servizi), ***furniture*** (mobili), ***to impress*** (stupire), ***inconsistent*** (incoerente), ***injury*** (ferita), ***lecture*** (conferenza), ***library*** (biblioteca), ***magazine*** (rivista), ***misery*** (sofferenza), ***novel*** (romanzo), ***parents*** (genitori), ***pavement*** (marciapiede), ***petrol*** (benzina), ***preservative*** (conservante), ***to pretend*** (fingere), ***to realize*** (accorgersi), ***to recover*** (guarire), ***romance*** (storia d'amore), ***scholar*** (studioso), ***stamp*** (francobollo), ***to support*** (sostenere), ***trivial*** (banale), ***vacancy*** (posto di lavoro vacante) ecc.

1.3 | Preposizioni

Nella lingua inglese viene fatto un ampio uso delle preposizioni; si riportano le più frequenti.

1.3.1 | Preposizioni di tempo

Le preposizioni di tempo più comuni sono:

- **at**: si utilizza con le ore, i momenti precisi, i nomi delle festività;

  We are meeting at 4 o'clock – Ci incontreremo alle 4 in punto
  At this time, tomorrow, I will be flying to New York – A quest'ora domani sarò in viaggio per New York
  What are you doing at Christmas? – Cosa farai a Natale?

- **in**: si usa con i nomi di mesi, stagioni, parti del giorno, e con gli anni e i secoli;

  In June I'll go on holiday – A giugno andrò in vacanza
  The exhibition was held in May – La mostra è stata tenuta a maggio
  In the 18th century free thinkers set the principles that would lead to the French Revolution – Nel XVIII secolo i filosofi elaborarono i principi che avrebbero portato alla Rivoluzione francese
  I usually have tea in the afternoon – In genere bevo tè nel pomeriggio

- **on**: si utilizza con i giorni della settimana e le date;

  He goes to church on Sunday – La domenica va in chiesa
  Marcel was born on March 15th 1970 – Marcel è nato il 15 marzo 1970

- **after**: *dopo*;

  We usually do our homework after dinner – Di solito facciamo i compiti dopo cena

- **before**: *prima*;

  Let's call the plumber before it's too late! – Chiamiamo l'idraulico prima che sia troppo tardi!

- **during**: *durante*;

  What does she do during the day? – Che cosa fa durante il giorno?

- **for**: ***per*** o, se indica la durata, ***da***;

  These flowers are for you – Questi fiori sono per te
  I have known Peter for ten years – Conosco Peter da dieci anni

- **since**: ***da,*** per indicare il punto d'inizio di un'azione;

  I have known Peter since 2010 – Conosco Peter dal 2010

- **within**: *entro* un periodo generico;

  We expect to receive your letter within summer – Ci aspettiamo di ricevere la vostra lettera entro l'estate

- **by**: *entro* una data precisa;

  We expect to receive your letter by 30th April – Aspettiamo di ricevere la vostra lettera entro il 30 Aprile

- **in**: *tra*;

  Alison will move to Madrid in two months – Alison si trasferirà a Madrid tra due mesi

- **from ... until / till**: *da ... a / fino*;

  Mr Burn worked for that firm from September 2009 until January 2013 – Mr Burn ha lavorato per quell'azienda dal settembre del 2009 al gennaio del 2013

1.3.2 | Preposizioni di luogo

Le preposizioni di luogo si suddividono in:

- preposizioni che indicano stato in luogo;
- preposizioni che indicano moto a luogo;
- preposizioni che indicano moto da e attraverso luogo.

Preposizioni che indicano stato in luogo:

- **at**: *a*, per un punto preciso;

  My parents are at the theatre – I miei genitori sono a teatro

- **in**: *a*, per città, nazione, via o piazza;

  We live in Milan – Abitiamo a Milano

- **among**: *tra* un numero imprecisato di cose o persone;

  Your book is among those I lent Jenny – Il tuo libro è tra quelli che ho prestato a Jenny

- **between**: *fra*, *tra* due cose o persone o due gruppi;

  The police station is between the car park and the library – La stazione di polizia è tra il parcheggio e la biblioteca

- **near**: *vicino* (generico);

  On the desk there is a lamp and near the lamp there is a vase – Sulla scrivania c'è una lampada e vicino alla lampada c'è un vaso

- **next to**: *vicino, accanto a*;

  I live next to the post office – Abito accanto all'ufficio postale

- **beside**: *accanto a, a fianco di*;

  The bell tower is beside the cathedral – Il campanile è accanto alla cattedrale

- **in front of**: *di fronte a* (generico);

  The garden is in front of the house – Il giardino è di fronte alla casa

- **opposite**: *dirimpetto, davanti, di fronte a*;

  The skyscraper is opposite the bank – Il grattacielo è davanti alla banca

- **on**: *su, sopra*;

  The pen is on the book – La penna è sul libro

- **under**: *sotto*;

  The cat is under the bed – Il gatto è sotto il letto

- **above / over**: *su, sopra*, senza contatto;

  The plane flies above the roofs of the houses – L'aereo vola sopra i tetti delle case

- **below**: *sotto, sottostante*, senza contatto;

  From this viewpoint you can see the valley below – Da questo punto di osservazione puoi vedere la vallata sottostante

- **outside**: *fuori*;

  The bike is outside the garage – La bicicletta è fuori dal garage

- **inside**: *dentro;*

  The ring is inside the small box – L'anello è nella scatoletta

- **against**: *contro;*

  The ladder is against the wall – La scala è contro il muro

- **behind**: *dietro;*

  Behind the buildings there is a big park – Dietro i palazzi c'è un grande parco

- **upstairs**: al piano *di sopra;*

  On the ground floor there is a kitchen; upstairs there are two bedrooms – Al piano terra c'è una cucina; (al piano) di sopra ci sono due camere da letto

- **downstairs**: al piano *di sotto;*

  Downstairs there is a cellar – (Al piano) di sotto / Al piano inferiore c'è una cantina

Preposizioni che indicano moto a luogo:

- **to**: *a;*

  I'm going to the cinema – Sto andando al cinema

- **into**: *in* (per entrare in un luogo chiuso);

  Tell him to go into that room – Digli di entrare in quella stanza

- **(a)round**: *attorno* a, *intorno;*

  They left for a journey around the world – Sono partiti per un viaggio intorno al mondo

- **along**: *lungo a, lungo;*

  We will meet our friends along the way – Incontreremo i nostri amici lungo la strada

- **towards**: *verso, in direzione di;*

  He went towards the mountains – Andò verso le montagne

- **up**: *su, sopra, in alto, in su;*

  The diver came up – Il sommozzatore venne su / risalì

- **down**: *giù;*

  The Alpine guide climbed down the mountain carefully – La guida alpina scese dalla montagna con attenzione

Preposizioni di moto da luogo e attraverso luogo:

- **from**: *da;*

  They come from Russia – Vengono dalla Russia

- **out of**: *fuori da;*

  I'd like a nice little house out of the city – Vorrei una piccola casetta fuori città

- **across**: *attraverso* (moto in linea retta), da una parte all'altra o dall'altro lato di;

  They walked across the village – Hanno attraversato il paese
  John lives across the street – John vive dall'altro lato della strada

- **through**: *in, per, attraverso* (generico o in presenza di ostacoli, spesso tradotto con il verbo corrispondente);

  There's a path through the wood – C'è un sentiero nel / attraverso il bosco
  The Tevere flows through Rome – Il Tevere attraversa Roma

1.3.3 | Preposizione + nome

Le preposizioni concorrono alla formazione di particolari espressioni e significati; per esempio, le frasi ***this photo is by my father*** e ***this photo is from my father*** hanno un significato diverso: la prima indica l'autore della fotografia, la seconda ne indica la provenienza. Le preposizioni creano nuovi significati anche in base al sostantivo che le segue. Riportiamo alcune espressioni molto comuni.

- AT
  at war: in guerra; **at random**: a caso
- BY
  a book by: un libro di; **a film by**: un film di; **a painting by**: un quadro di;
  by accident: per caso; **by chance**: per fortuna; **by mistake**: per errore; **by cheque**: con assegno; **by credit card**: con carta di credito; **by definition**: per definizione; **by the way**: a proposito.
- FOR
  to go for a coffee: prendersi un caffè; **to go for a walk**: farsi una passeggiata;
  for breakfast: a colazione; **for lunch**: a pranzo; **for dinner**: a cena.
- IN
  in the beginning: all'inizio; **in the end**: alla fine; **in my opinion**: secondo me; **in the newspaper**: sul giornale; **in pen**: a penna; **in pencil**: a matita; **in the rain**: sotto la pioggia; **in the sun**: al sole; **in a loud voice**: a voce alta; **in a quite voice**: a voce bassa; **in power**: in carica.
- ON
  on a cruise: in crociera; **on a diet**: a dieta; **on a trip**: in viaggio; **on arrival**: in arrivo; **on business**: in affari; **on foot**: a piedi; **on fire**: al fuoco; **on holiday**: in vacanza; **on Sunday**: di domenica; **on page**: alla pagina; **on strike**: in sciopero; **on stage**: in scena; **on the telephone**: al telefono; **on the radio**: alla radio; **on television**: in televisione; **on time**: puntuale.

1.3.4 | Avverbio / nome + preposizione

Anche gli avverbi e i nomi possono essere seguiti da precise preposizioni a seconda del significato che si intende esprimere.
Ecco alcuni nessi molto comuni:

• **ability at**	capacità di, abilità di
• **advantage / disadvantage in doing**	vantaggio / svantaggio nel fare
• **advantage / disadvantage of s.ing**	vantaggio / svantaggio di q.sa
• **answer to**	risposta a
• **attitude to**	atteggiamento rispetto a
• **cause of**	causa di
• **congratulations on s.ing**	congratulazioni per
• **connection with s.ing / between two things**	relazione con q.sa / tra due cose
• **contact with s.ing / between two things**	contatto con q.sa / tra due cose
• **damage to**	danno a
• **decrease in**	riduzione, diminuzione di, in
• **demand for**	domanda, richiesta di

- **difficulty with** difficoltà con
- **discussion about** discussione circa
- **effect on** effetto su
- **explanation of** spiegazione di
- **fall in** caduta di, in
- **increase in** aumento, crescita di, in
- **independence of / from** indipendenza di / da
- **influence on** influenza su
- **interest in** interesse per
- **invitation to** invito a
- **lack of** mancanza di
- **matter with** questione di
- **need for** bisogno di
- **picture / photograph of** immagine, fotografia di
- **proof of** prova di
- **reaction to** reazione a
- **reason for** ragione per cui
- **relationship with s.ing / between two things** relazione con q.sa / tra due cose
- **reply to** risposta a
- **responsibility for** responsabilità di
- **rise in** aumento, crescita di, in
- **solution to** soluzione di

1.3.5 | Verbo + preposizione

Per concludere il discorso sulle preposizioni, il seguente elenco riporta alcuni tra i più comuni verbi preposizionali.

- **to agree with s.one / about s.ing / on s.ing / to an action** essere d'accordo con q.no / su q.sa / con q.sa / con un'azione
- **to aim at s.ing / to do s.ing** mirare a q.sa / a fare q.sa
- to apologize for (doing) s.ing scusarsi per avere fatto q.sa
- to apologize to s.one for s.ing scusarsi con q.no per q.sa
- to apply for candidarsi a
- to ask for chiedere
- to believe in credere a, in
- to belong to appartenere a
- to call after dare il nome di
- to care about / for / take care of preoccuparsi di, per / occuparsi di
- to charge s.one with accusare q.no di
- to comment on commentare
- to complain to s.one about s.ing lamentarsi con q.no di q.sa
- to compliment s.one on s.ing complimentarsi con q.no per q.sa
- to concentrate / focus on concentrarsi su
- to congratulate s.one on s.ing congratularsi con q.no per q.sa
- to consist of consistere in
- to cut into tagliare in
- to deal with trattare di, occuparsi di
- to depend on dipendere da
- to die out estinguersi
- to disapprove of disapprovare

- **to discourage from** scoraggiare a
- **to discuss about** discutere di
- **to divide into** dividere in
- **to dream of / about** sognare
- **to drive into / against** entrare in, scontrarsi, andare a sbattere contro (con la macchina)
- **to explain s.ing to s.one** spiegare q.sa a q.no
- **to fill with** riempire con / in preda a
- **to get in (to) / out of a car, taxi, small boat** salire in (su) / scendere da un'auto, un taxi, una barca
- **to get on (to) / off a bus, train, plane, ship** salire su / scendere da un autobus, un treno, un aereo, una nave
- **to happen to s.one** accadere a q.no
- **to insist on** insistere a, su
- **to invite to** invitare a
- **to laugh at** ridere di
- **to listen to** ascoltare
- **to live on** vivere di
- **to look at (to watch) / after (to take care of) / for (to try to find)** guardare / occuparsi di / cercare
- **to pay for s.ing / by cheque** pagare q.sa con assegno
- **to prevent s.one from doing s.ing** impedire a q.no di fare q.sa
- **to provide with** (ri)fornire con, di
- **to rely on** contare su, fidarsi di
- **to remind s.one of s.ing** ricordare a q.no q.sa
- **to search for** cercare
- **to shiver with** rabbrividire per
- **to shoot at** sparare a, fare fuoco su
- **to shout at / to (call to) s.one** sgridare, urlare contro q.no
- **to smile at** sorridere per
- **to speak to** parlare a, con
- **to spend on** spendere in, per
- **to split into** rompere, dividere in
- **to succeed in / at** riuscire a, in
- **to suffer from** soffrire di
- **to supply with** (ri)fornire di, con
- **to take part in / at** partecipare a, prendere parte a
- **to talk to / with** parlare a, con
- **to think of / about** pensare a
- **to throw s.ing at / to s.one** scagliare, gettare, lanciare contro q.no / a qualcuno)
- **to tremble with** tremare di
- **to wait for** aspettare
- **to write to** scrivere a

In inglese accade anche, e tipicamente, che un verbo possa essere seguito da diverse preposizioni a seconda dei significati; questi verbi prendono il nome di verbi fraseologici o ***phrasal verbs*** (si veda § 1.7.11).

1.3.6 | Preposizioni rette da aggettivi o sostantivi

In inglese numerose espressioni composte dal verbo ***to be*** e da aggettivi attributivi sono seguite da precise preposizioni che ne determinano il significato. Nell'elenco seguente sono riportate le locuzioni più significative e frequenti nell'uso.

- **to be afraid of** — temere, avere timore di
- **to be amazed at / by s.ing** — essere stupito rispetto a, per
- **to be angry about s.ing / with s.one for s.ing** — essere arrabbiato per qualcosa / con qualcuno per qualcosa
- **to be annoyed about** — essere irritato per
- **to be anxious about / for something** — essere in ansia per qualcosa
- **to be ashamed of** — vergognarsi di
- **to be astonished at / by something** — stupirsi per
- **to be aware of** — essere consapevole di
- **to be bored with** — essere annoiato da
- **to be composed of** — essere composto da
- **to be crowded with** — essere pieno / affollato di
- **to be cruel to someone** — essere crudele con q.no
- **to be delighted with** — rallegrarsi per
- **to be dependent on** — essere dipendente, dipendere da
- **to be different from** — essere diverso da
- **to be disappointed with** — essere deluso da
- **to be dissatisfied with** — essere insoddisfatto di
- **to be disgusted with** — essere disgustato da
- **to be dressed in** — essere vestito da
- **to be engaged to** — essere fidanzato con
- **to be enthusiastic about** — essere entusiasta per
- **to be excited about** — essere emozionato per
- **to be famous for** — essere famoso, noto per
- **to be fond of** — essere appassionato di
- **to be frightened of** — essere terrorizzato da
- **to be generous to someone** — essere generoso con q.no
- **to be good to someone** — essere buono con q.no
- **to be good / bad at** — essere bravo in, incapace in / a
- **to be happy about** — essere felice, contento per
- **to be hopeless at** — essere senza speranza in
- **to be ill with** — essere ammalato di
- **to be impressed by** — essere colpito da
- **to be independent of** — essere indipendente da
- **to be interested in** — essere interessato a
- **to be involved in** — essere coinvolto in
- **to be keen on** — essere appassionato di
- **to be kind to** — essere gentile con
- **to be married to** — essere sposato con
- **to be mean to someone** — essere meschino, cattivo con
- **to be named after** — aver avuto il nome di
- **to be nice to** — essere simpatico, gentile con

- **to be pleased with** — essere compiaciuto, contento per
- **to be polite to** — essere educato con
- **to be responsible for** — essere responsabile di
- **to be rude to** — essere sgarbato con
- **to be satisfied with** — essere soddisfatto di
- **to be shocked at / by something** — essere colpito da
- **to be short of** — essere a corto di
- **to be similar to** — essere simile a
- **to be sorry about s.ing / for s.one** — dispiacersi per q.sa, q.no
- **to be sorry for doing s.ing** — dispiacersi per aver fatto q.sa
- **to be surprised at / by something** — essere sorpreso, colpito da
- **to be tired of** — essere stanco di
- **to be unaware of** — non essere consapevole di
- **to be upset about** — essere sconvolto per
- **to be used to** — essere abituato a
- **to be worried about** — essere preoccupato per

1.4 | Aggettivi qualificativi

Nella lingua inglese gli aggettivi sono neutri e non hanno la forma plurale. Precedono i sostantivi e seguono i verbi ***to be*** (essere), ***to seem*** (sembrare), ***to look*** (sembrare), ***to become*** (diventare), in posizione predicativa.

Anche i participi passati, terminanti in -***ed***, e i gerundi, terminanti in -***ing***, possono fungere da aggettivi. Quando gli aggettivi che precedono il nome sono più di uno, l'ordine da preferire è il seguente (in base alla qualità che attribuiscono): valore o condizione, giudizio (oggettivo o soggettivo) sul sostantivo, dimensioni, età, forma, colore, origine geografica, materiale. Immediatamente prima del sostantivo si trova il ***compound***, nome o aggettivo, che specifica la funzione dell'oggetto.

> *A small shiny black leather handbag* – Una borsetta di pelle nera lucida
> *A tall dark handsome cowboy* – Un bel cowboy alto e tenebroso
> *A cold miserable mid-winter day* – Una fredda e triste giornata invernale
> *An interesting large old history book* – Un interessante libro di storia, vecchio e voluminoso

1.4.1 | Comparativi e superlativi

Il grado comparativo degli aggettivi esprime un paragone di tipo quantitativo e qualitativo, con esito di minoranza, di uguaglianza o di maggioranza.

Nel caso del **comparativo di minoranza**, l'aggettivo è preceduto da ***less*** ed è seguito da ***than***, che introduce il secondo termine di paragone.

> *This book is less interesting than that one* – Questo libro è meno interessante di quello

Il **comparativo di uguaglianza** si forma aggiungendo ***as*** prima e dopo l'aggettivo.

> *This book is as interesting as that one* – Questo libro è interessante come quello

Il **comparativo di maggioranza** di un aggettivo si forma diversamente, in base alla sua lunghezza: gli aggettivi monosillabici o bisillabici terminanti in -***y***, -***er***, -***ow***, -***e*** prendono la desinenza -***er***, gli altri aggettivi sono preceduti da ***more***; in entrambi i casi, il secondo termine di paragone è introdotto da ***than***.

> *Jane is prettier than Susan; Susan is more stubborn than Jane* – Jane è più carina di Susan;
> Susan è più testarda di Jane

I **superlativi di minoranza e di maggioranza** (superlativo relativo italiano) si formano aggiungendo ***the least*** (superlativo di minoranza) o ***the most*** (superlativo di maggioranza) prima dell'aggettivo; in quest'ultimo caso, l'aggettivo terminante in *-**er*** al comparativo di maggioranza terminerà in -***est*** e sarà preceduto soltanto da ***the***.

David is the least lazy of all – David è il meno pigro di tutti
That house is the most expensive in Cannes – Quella casa è la più costosa di Cannes
Mr Smith is the richest man in town – Il signor Smith è l'uomo più ricco in città

I **superlativi assolut**i si formano premettendo l'avverbio ***very*** (molto) all'aggettivo.

Frank is a very goog friend – Frank è un ottimo amico

Forme irregolari

Nella formazione del comparativo e del superlativo di **maggioranza**, esistono alcuni aggettivi che si trasformano in modo irregolare e che hanno altre forme e altri significati.

Eccone una tabella riassuntiva.

POSITIVO	COMPARATIVO	SUPERLATIVO
good / well (buono / bene)	*better* (migliore di, meglio di)	*the best* (il migliore)
bad (cattivo)	*worse* (peggiore di, peggio di)	*the worst* (il peggiore)
little (poco)	*less* (meno di)	*the least* (il meno, minimo)
much/many (molto/molti)	more (più)	*the most/most* (il più/la maggior parte)
old (vecchio)	*older / elder* (più vecchio / il maggiore)	*the oldest / the eldest* (il più vecchio / il maggiore)
late (tardi)	*later / the latter* (più tardi / il secondo di due)	*the latest / the last* (il più recente / l'ultimo)
far (lontano)	*farther / further* (più lontano / ulteriore)	*the farthest / the furthest* (il più lontano)

His elder brother is 20 years old – Suo fratello maggiore ha vent'anni
It's the last time that I've lent you my car – È l'ultima volta che ti presto la macchina
The witness produced further evidence of their guilt – Il testimone fornì ulteriori prove della loro colpevolezza

1.5 | Aggettivi e pronomi

1.5.1 | Pronomi personali

I pronomi personali si suddividono in:

- pronomi personali soggetto;
- pronomi personali complemento.

I **pronomi personali soggetto** sono: ***I***, ***you***, ***he*** / ***she*** / ***it***, ***we***, ***you***, ***they*** e precedono sempre il verbo.

I **pronomi personali complemento** sono: ***me***, ***you***, ***him*** / ***her*** / ***it***, ***us***, ***you***, ***them***; hanno valore di complemento oggetto diretto e, se preceduti da preposizioni, di complemento indiretto.

Mary is my best friend and my parents love ***her*** – Mary è la mia migliore amica e i miei genitori le vogliono bene (complemento oggetto)
The teacher explained the lesson to ***us*** – L'insegnante ci ha spiegato la lezione (complemento indiretto di termine)

1.5.2 | Aggettivi e pronomi possessivi

Gli aggettivi possessivi sono: ***my, your, his / her / its, our, your, their***; i pronomi possessivi corrispondenti sono: ***mine, yours, his / hers / its, ours, yours, theirs***. Nessuno di questi è mai preceduto dall'articolo determinativo.

> ***My*** *father is an architect* – Mio padre è architetto (aggettivo)
> *These are his suitcases.* ***Hers*** *are blue* – Queste sono le sue (di lui) valigie. Le sue (di lei) sono blu (pronome)

La costruzione, in italiano, di un possessivo preceduto da un "determinante" (ovvero: aggettivi numerali, dimostrativi, articoli indeterminativi e partitivi, per esempio: *questo mio libro, qualche nostro amico* ecc.), è resa in inglese con due possibili strutture: l'una con il pronome possessivo, l'altra con l'aggettivo possessivo.

> *A friend of mine / One of my friends* – Un mio amico
> *Some books of hers / Some of her books* – Alcuni suoi libri
> *Three shirts of ours / Three of our shirts* – Tre nostre magliette

1.5.3 | Pronomi riflessivi e reciproci

I pronomi riflessivi reciproci sono ***oneself, myself, yourself, himself / herself / itself, ourselves, yourselves, themselves*** e accompagnano i verbi riflessivi o hanno lo scopo di dare enfasi al soggetto dell'azione.

> *I enjoyed myself very much* – Mi sono divertito molto
> *She prepared this cake herself* – Ha preparato questa torta di persona

I **pronomi riflessivi reciproci** indicano un rapporto tra due o più termini: ***each other*** (l'un l'altro, tra due soggetti), ***one another*** (reciprocamente, tra più soggetti).

> *Why don't you help each other?* – Perché non vi aiutate l'un l'altro?

1.5.4 | Aggettivi e pronomi dimostrativi

I principali aggettivi e pronomi dimostrativi sono: ***this / that*** (questo / quello), ***these / those*** (questi / quelli). Spesso i pronomi dimostrativi sono accompagnati dai pronomi indefiniti ***one / ones*** che sostituiscono il sostantivo.

> *Who's that woman there?* – Chi è quella donna laggiù?
> *Have a look at these photos!* – Guarda queste fotografie!
> *That ring is nicer than this one* – Quell'anello è più carino di questo

1.5.5 | Aggettivi e pronomi indefiniti

Gli aggettivi indefiniti italiani *molto, troppo / tanto, quanto* si traducono nei seguenti modi.

Molto

- **a lot of / lots of / much** + sostantivo singolare;

> *The debtors still owe a lot of money* – I debitori devono ancora molto denaro
> *There is not much fruit in the basket* – Non c'è molta frutta nel cestino

- **a lot of / lots of / many** + sostantivo plurale;

> *Lots of rivers flow to the Mediterranean Sea* – Molti fiumi si gettano nel Mar Mediterraneo
> *Were there many people at the conference?* – C'erano molte persone alla conferenza?

- **very** + aggettivo o avverbio;

  Jane is a very intelligent girl – Jane è una ragazza molto intelligente

- verbo + **a lot / very much**;

  Kevin smokes a lot – Kevin fuma molto
  I don't like Chinese food very much – Non mi piace molto il cibo cinese

Troppo, così tanto

- **too much / so much** + sostantivo singolare;

  You put too much water in the boiler – Hai messo troppa acqua nel boiler
  I have got so much work to do! – Ho così tanto lavoro da fare!

- **too many / so many** + sostantivo plurale;

  You have a stomachache because you ate too many chocolates – Hai mal di stomaco perché hai mangiato troppi cioccolatini
  She's never received so many presents on her birthday – Non ha mai ricevuto così tanti regali per il suo compleanno

- **too / so** + aggettivo o avverbio;

  Why are you so shy? – Perché sei così timido?
  Try not to be so rude – Cerca di non essere così sgarbato

- verbo + **too much**;

  I wouldn't insist too much if I were you – Non insisterei troppo se fossi in te

Quanto

- **how** + aggettivo o avverbio;

  You can't guess how stubborn he is – Non puoi immaginare quanto sia testardo

- **how much** + sostantivo singolare;

  I wonder how much beer you drank last night – Mi chiedo quanta birra tu abbia bevuto ieri sera

- **how many** + sostantivo plurale;

  How many children have they got? – Quanti bambini hanno?

- **how far**: quanto dista;

  How far is your house from the post office? – Quanto dista la tua casa dall'ufficio postale?

- **how long**: per quanto tempo;

  How long are you staying in town? – Quanto tempo / Per quanto resterai in città?

- **how often**: ogni quanto tempo;

  How often do you go to theatre? – Ogni quanto vai a teatro?

- **how large / big / wide / high / deep / long**: quando si chiede la larghezza, la grandezza, l'ampiezza, l'altezza, la profondità, la lunghezza di una cosa;

  How high is the Eiffel tower? – Quanto è alta la Torre Eiffel?

- **how old**: per chiedere l'età;

  How old is your father? – Quanti anni ha tuo padre?

- **how much** + verbo;

  How much do you sleep at night? – Quanto dormi la notte?
  How much is this pair of shoes? – Quanto costano queste scarpe?

Altro

- **other(s)-another** (aggettivo e pronome);

  Some people like going to the mountains; ***others*** *prefer going to the seaside* – Ad alcune persone piace andare in montagna; altre preferiscono andare al mare (pronome)
  Another *day goes by* – Un altro giorno se ne va (aggettivo)

- **else** (avverbio, segue un avverbio interrogativo o un pronome interrogativo, un indefinito composto, oppure ***little***, ***much***).

  Is there anything else to eat? – C'è qualcos'altro da mangiare?
  There wasn't much else to say – Non c'era molto altro da dire

Ogni / ciascuno / ognuno

- **every** (aggettivo);

  Can you understand every word she says? – Riuscite a capire tutto quello (= ogni parola) che dice?

- **each** (aggettivo e pronome);

  How much are these tins? It's £1,50 each – Quanto costano queste lattine? Una sterlina e cinquanta ciascuna

Tutto

- **all** (aggettivo; diventa pronome quando è seguito da un pronome relativo, oppure da **of** + pronome personale complemento);

  All the children followed their teacher – Tutti i bambini seguirono l'insegnante (aggettivo)
  Tell me all (that) you know – Dimmi tutto quello che sai (pronome)
  I gave the tickets to all of them – Ho dato i biglietti a tutti (pronome)

- **whole** + sostantivo singolare (tutto, intero);

  I visited the whole city – Ho visitato tutta/l'intera la città

- **every** + sostantivo singolare (tutto, ogni).

  Every case in the warehouse was carefully packed – Tutte le casse del magazzino sono state imballate con cura / Ogni cassa del magazzino è stata imballata con cura

Entrambi

- **both (of)** (aggettivo e pronome).

  Both doctors agreed on the diagnosis – Entrambi i dottori concordarono sulla diagnosi (aggettivo)
  Fred and Paul are so kind to me. I get on with both of them – Fred e Paul sono così gentili con me. Vado d'accordo con entrambi (pronome)

L'uno o l'altro

- **either (of)** (aggettivo e pronome).

  Either suggestion will be good – L'una o l'altra proposta andrà bene (aggettivo)
  Either of you can come with me – Uno di voi due può venire con me (pronome)

Né l'uno né l'altro

- **neither (of)** (aggettivo e pronome).

  Neither brother looks like their father – Nessuno dei due fratelli assomiglia al padre (aggettivo)
  Neither of the reports is good – Nessuna relazione va bene (pronome)

1.5.6 | Aggettivi e pronomi indefiniti partitivi

Gli aggettivi e pronomi italiani con valore indefinito e partitivo (per esempio: ***ne***, ***del***, ***dei***, ***un po'***, ***qualche***, ***alcuni***, ***nessuno*** ecc.) in inglese si traducono così:

- **any**, nelle frasi interrogative e negative;

  Have you got any salt? – Hai del sale?
  No, I haven't got any salt – No, non ho sale
  She has never written any letter – Non ha mai scritto lettere

Talvolta nelle frasi affermative può significare *qualsiasi*;

  Neil is so greedy that he would eat ***any*** *sort of sweets* – Neil è così goloso che mangerebbe **qualsiasi** tipo di dolce

- **some** (o **a little** + sostantivo singolare / **a few** + sostantivo plurale) nelle affermative o interrogative che esprimono offerta o richiesta;

  There must be ***some / a little*** *garlic in this dish* – Deve esserci **dell'**aglio in questo piatto
  Some / A few *people are really ruthless* – **Alcune** persone sono davvero senza scrupoli
  Would you like ***some*** *cake?* – Vorresti **un po' di** torta?

- **no**, aggettivo;

  I'm sorry, but I have no money to lend you – Mi dispiace, ma non ho (nessun) denaro da prestarti

- **none**, pronome;

  Have you got any brothers? No, I have got none – Hai dei fratelli? No, non ne ho (nessuno)

- **little** e **few** senza l'articolo indeterminativo sono aggettivi e significano rispettivamente "poco" e "pochi", in opposizione a **a little**, "un poco", e **a few**, "alcuni".

> *I've got* ***little*** *homework to do* – Ho **pochi** compiti da fare
> *I've got* ***a little*** *homework to do* – Ho **un po' di** compiti da fare
> ***Few*** *people visit this museum* – **Poche** persone visitano questo museo
> ***A few*** *people visit this museum* – **Alcune** persone visitano questo museo

1.5.7 | Pronomi indefiniti composti

I pronomi e gli avverbi indefiniti composti seguono le stesse regole dei partitivi e sono sempre seguiti dal verbo alla terza persona singolare (*everyone wants to be happy*); i pronomi personali riflessivi, gli aggettivi e i pronomi possessivi a essi riferiti vanno coniugati alla terza persona singolare o plurale (*everyone does his or her / their work*).

Qualcuno

- **someone / somebody** nelle affermative e **anyone / anybody** nelle interrogative.

> *Someone says that Jenny won a fortune in the lottery* – Qualcuno dice che Jenny abbia vinto una fortuna alla lotteria
> *Is there anybody there?* – C'è qualcuno lì?

Nessuno

- **nobody / no one** (si usa in frasi con il verbo affermativo), **anyone / anybody** (nelle negative e nelle interrogative).

> *Nobody knew the answer* – Nessuno conosceva la risposta
> *You mustn't tell anybody: it's a secret!* – Non devi dirlo a nessuno: è un segreto!

Chiunque

- **anyone / anybody** (nelle affermative).

> *Anyone can learn a foreign language* – Chiunque può imparare una lingua straniera

Tutti

- **everyone / everybody**.

> *Everybody was ready for leaving* – Tutti erano pronti per partire

Qualcosa

- **something** (nelle affermative, nelle richieste e nelle offerte), **anything** (nelle interrogative).

> *There must be something wrong with the computer* – Deve esserci qualcosa che non va con il computer
> *Would you like something to drink?* – Vorresti qualcosa da bere?
> *Have you got anything to say?* – Hai qualcosa da dire?

Qualunque cosa, qualsiasi cosa

- **anything** (nelle affermative).

> *Anything you say is wrong* – Qualsiasi cosa tu dica, è sbagliata

Niente

- **nothing** (si usa in frasi con verbo affermativo), **anything** (nelle negative).

> *You can do nothing now* – Adesso non puoi fare niente
> *I don't want anything from him* – Non voglio niente da lui

Tutto

- **everything**.

> *Everything is ready for the party* – Tutto è pronto per la festa

Da qualche parte

- **somewhere** (nelle affermative), **anywhere** (nelle interrogative).

> *Where is my wallet? It must be somewhere in the bedroom* – Dov'è il mio portafoglio? Deve essere da qualche parte in camera
> *Have you seen my bag anywhere?* – Hai visto la mia borsa da qualche parte?

Da nessuna parte

- **nowhere** (nelle affermative), **anywhere** (nelle negative).

> *This summer we are going nowhere on holiday* – Questa estate non andremo da nessuna parte in vacanza
> *I can't find the calculator anywhere* – Non riesco a trovare la calcolatrice da nessuna parte

Ovunque

- **everywhere**.

> *Everywhere I go I feel sick* – Ovunque vada, mi sento male

In qualsiasi posto

- **anywhere** (nelle affermative).

> *Tommy would follow his elder brother anywhere* – Tommy seguirebbe il fratello maggiore ovunque

1.5.8 | Pronomi relativi

L'uso dei **pronomi relativi** varia in base alla funzione logica che svolgono all'interno della frase e al tipo di referente, così come illustrato nella seguente tabella.

	RIFERITO A PERSONE	RIFERITO A COSE / ANIMALI
Soggetto	who	which / that
Complemento oggetto (si può omettere)	whom / that	which / that
Complemento indiretto	who[1] / that[1] + prep. prep. + whom[2]	which[1] / that[1] + prep. prep. + which[2]
Possesso	whose	whose / of which

1. Si possono anche omettere.
2. Le forme prep + whom e prep + which si usano nei testi scritti o in contesti formali.

Soggetto

The girl who is palying football is my sister – La ragazza che sta giocando a pallone è mia sorella (riferito a persona)

She caught the train that leaves at 5 p.m. – Ha preso il treno che parte alle 5 del pomeriggio (riferito a cosa)

Complemento oggetto

Luis is the boy (whom / that) I met last summer in France – Luis è il ragazzo che ho incontrato la scorsa estate in Francia (riferito a persona)

This is the house (that / which) I would like to buy – Questa è la casa che vorrei comprare (riferito a cosa)

Complemento indiretto

The man (whom) I must speak to / to whom I must speak is your brother – L'uomo con cui devo parlare è tuo fratello (riferito a persona)

The Empire (which) the sun never sets on / on which the sun never sets – L'impero su cui non tramonta mai il sole (riferito a cosa)

Possesso

The girl whose father was arrested yesterday works with me – La ragazza il cui padre è stato arrestato ieri lavora con me (riferito a persona)

This is my office, the door of which is always open for you – Questo è il mio ufficio, la cui porta è sempre aperta per te (riferito a cosa)

1.5.9 | Pronomi e avverbi composti

Questi composti uniscono gli avverbi ***how***, ***when***, ***where***, oppure i pronomi relativi ***what***, ***which***, ***who*** e l'avverbio di frequenza ***ever*** (mai):

- **however**: in qualche modo;

  However things go I won't be disappointed – Comunque andrà non resterò deluso

- **whenever**: ogni volta che;

  Whenever he meets his relatives he can't help chatting for hours – Ogni volta che incontra i suoi parenti non può fare a meno di chiacchierare per ore

- **wherever**: ovunque;

  Wherever you go I'll follow you – Ovunque andrai, ti seguirò

- **whatever**: qualsiasi cosa;

  You can rely on me whatever you decide to do – Puoi contare su di me, qualunque cosa tu decida di fare

- **whichever**: qualunque;

  These dresses are beautiful. Whichever you choose, you will look very smart – Questi abiti sono bellissimi. Qualunque tu scelga, sarai elegantissima

- **whoever**: chiunque.

  John, whoever phones, please tell them to leave a message – Per favore, John, chiedi a chiunque chiami di lasciare un messaggio

1.5.10 | Aggettivi e pronomi interrogativi

Gli aggettivi e i pronomi interrogativi, chiamati anche *question words* o *wh- words*, introducono le domande.

Sono **aggettivi**:

- **what** (quale):

  What car do you like? – Che macchina ti piace?

- **which** (quale):

  He told me which book he'd like – Mi ha detto quale libro vorrebbe

Sono **pronomi**:

- **who** (chi, riferito a persona, con funzione di soggetto):

  Who opens the shop in the morning? – Chi apre il negozio al mattino?

- **what/which** (che cosa) riferito a cose o animali.

  What happened? – Che cosa è successo?
  Here are my CDs. Which one would you like to listen to? – Ecco i miei CD. Quale vorresti ascoltare?
  Which do you come from: a big city or a small city? – Da che città vieni, grande o piccola?

- **whom** (è preceduto da preposizione; ormai obsoleto o formale, è sostituito da *who* + preposizione):

  Whom did you see in London? – Chi hai visto a Londra?
  To whom are you smiling? / Who are you smiling to? – A chi stai sorridendo?
  Who did you speak to? – A chi hai parlato?

- **whose** (possesso):

  Whose book is this?– Di chi è questo libro?

1.6 | Avverbi

Sono una categoria grammaticale di parole invariabili che modificano o determinano il significato di altre parole (verbi, aggettivi, pronomi, altri avverbi ecc.).
In base alla funzione possono distinguersi diversi tipi:

- sentence adverbs: *yes, no* ecc.
- di frequenza (vedi sotto): *often, never* ecc.
- indefiniti: *somewhere, whenever* ecc.
- interrogativi: *why? when? how?* ecc.
- di luogo: *where, here, there* ecc.
- di modo: *slowly, well, fast* ecc.
- di quantità: *too, much* ecc.
- di tempo: *now, since, then* ecc.

Di seguito qualche approfondimento su alcuni gruppi di avverbi.

1.6.1 | Avverbi derivati

Gran parte di questi avverbi deriva da aggettivi qualificativi ai quali viene aggiunto il suffisso ***-ly***: ***quickly*** (velocemente), ***recently*** (recentemente), ***slowly*** (lentamente), ***frequently*** (frequentemente), ***frankly*** (francamente), ***totally*** (totalmente), ***fully*** (pienamente), ***completely*** (completamente) ecc.

Mrs Spark speaks very quickly – Mrs Spark parla molto velocemente
We have completely run out of oil – Abbiamo finito tutta la benzina
He walks more slowly than a turtle – Cammina più lentamente di una tartaruga

1.6.2 | Avverbi di frequenza

Gli avverbi di frequenza sono particolari avverbi di tempo che indicano con quale frequenza avviene l'azione. Precedono il verbo o seguono l'ausiliare e il verbo modale. Sono: ***always*** (sempre), ***often*** (spesso), ***usually*** (di solito), ***generally*** (in genere), ***seldom / rarely*** (raramente), ***sometimes*** (talvolta), ***never / ever*** (mai), ***almost*** (quasi), ***just*** (appena), ***already*** (già), ***recently*** (recentemente), ***not ... yet*** (non ancora).

> *They generally have dinner at 7 p.m.* – In genere cenano alle 7
> *You have just finished your homework* – Avete appena finito i compiti
> *You should always have your car checked before leaving for a long journey* – Si dovrebbe sempre far controllare la macchina prima di partire per un lungo viaggio

1.6.3 | Avverbi che richiedono l'inversione

Alcuni avverbi, quando occupano la prima posizione nella frase e conferiscono valore enfatico, impongono l'inversione di soggetto e verbo o soggetto e ausiliare/modale. Tra questi troviamo: ***in*** (in), ***up*** (su), ***down*** (giù), ***off*** (fuori), ***back*** (indietro), ***away*** (lontano), ***here*** (qui), ***there*** (là), ***hardly ever*** (quasi mai), ***under non circumstances*** (in nessun caso), ***little*** (neanche lontanamente), ***neither ... nor*** (né ... né), ***no sooner ... than*** (non appena ... che), ***not only*** (non solo), ***not till*** (finché), ***nowhere*** (in nessun luogo), ***only by*** (solo con), ***only then / when*** (solo allora / quando), ***scarcely ever*** (quasi mai), ***seldom*** (raramente), ***so*** (così), ***never again*** (mai più).

> *Little could we hope to have such a success* – Non potevamo lontanamente sperare di avere un tale successo
> *Under no circumstances would he travel to work by bus* – In nessun caso andrebbe a lavoro in autobus
> *Hardly ever did David get bad marks* – David non ha quasi mai preso brutti voti
> *Never in my life have I studied so hard / I have never studied so hard in my life* – Nella mia vita non ho mai studiato così sodo

1.7 | Verbi

L'elemento più importante all'interno di una frase, ciò che le dà significato, è il verbo. A differenza di altre lingue, in inglese non esiste una vera e propria coniugazione del verbo, almeno così come siamo abituati con le lingue di origine latina. Non esistono forme diverse per le persone e i numeri (a eccezione del ***simple present***, dove la terza persona singolare del verbo si forma aggiungendo una ***-s***), e il modo infinito è alla base di tutti i modi e i tempi, a eccezione del ***simple past*** e del ***past participle***. Per distinguere tra i modi e i tempi si utilizzano alcuni verbi ausiliari (***do***, ***did***, ***will*** ecc.) o suffissi (***-ed***, ***-ing***).

Questa è la ragione per cui in inglese si studia solo il "paradigma" del verbo (***infinitive***, ***simple past***, ***past participle***).

In inglese il congiuntivo viene espresso con l'indicativo (presente semplice o passato semplice) o con lo stesso infinito del verbo, a seconda dei casi.

Invece, esistono diverse sfumature per il tempo futuro (si possono contare fino a sei modi per tradurlo) e per il presente, per il quale esiste una forma (***present perfect***) che esprime un'azione iniziata nel passato e i cui effetti ricadono nel presente. Esistono anche le cosiddette forme progressive del verbo, valide per tutti i tempi e i modi, che evidenziano la continuità dell'azione.

1.7.1 | Verbi regolari e irregolari

Si dicono verbi **regolari** quei verbi in cui il ***simple past*** e il ***past participle*** si formano aggiungendo alla forma base del verbo il suffisso ***-ed*** (o *-d* se la forma base già finisce per *-e*). Per esempio: work-*ed*; love-*d*.

I verbi **irregolari**, di conseguenza, sono gli unici per i quali è necessario studiare il paradigma a memoria, dal momento che le loro radici e i loro suffissi cambiano. Nella tabella seguente sono riportati i paradigmi dei verbi irregolari più comuni.

INFINITIVE	SIMPLE PAST	PAST PARTICIPLE	TRADUZIONE
to arise	arose	arisen	suscitare, causare, provocare
to awake	awoke	awoken	svegliare
to be	was / were	been	essere
to bear	bore	borne / born	sopportare, portare
to become	became	become	diventare
to begin	began	begun	cominciare, iniziare
to blow	blew	blown	soffiare
to break	broke	broken	rompere
to bring	brought	brought	portare
to build	built	built	costruire
to buy	bought	bought	comprare
to catch	caught	caught	catturare, prendere
to choose	chose	chosen	scegliere
to come	came	come	venire
to cut	cut	cut	tagliare
to deal	dealt	dealt	trattare
to do	did	done	fare
to drink	drank	drunk	bere
to drive	drove	driven	guidare
to eat	ate	eaten	mangiare
to fall	fell	fallen	cadere
to feel	felt	felt	provare, sentire
to find	found	found	trovare
to forbid	forbade	forbidden	proibire
to forget	forgot	forgotten	dimenticare
to get	got	got	ottenere, diventare
to give	gave	given	dare
to go	went	gone	andare
to grow	grew	grown	crescere
to have	had	had	avere
to hear	heard	heard	sentire
to hit	hit	hit	colpire
to hold	held	held	tenere, stringere
to keep	kept	kept	tenere, mantenere
to know	knew	known	conoscere, sapere

INFINITIVE	SIMPLE PAST	PAST PARTICIPLE	TRADUZIONE
to lay	laid	laid	posare, deporre
to learn	learnt	learnt	imparare
to leave	left	left	partire, lasciare
to lend	lent	lent	prestare
to let	let	let	lasciare
to lie	lay	lain	giacere
to lose	lost	lost	perdere
to make	made	made	fare
to meet	met	met	incontrare
to put	put	put	mettere
to read	read	read	leggere
to run	ran	run	correre
to say	said	said	dire
to see	saw	seen	vedere
to sell	sold	sold	vendere
to send	sent	sent	spedire, inviare
to show	showed	shown	mostrare
to sing	sang	sung	cantare
to sit	sat	sat	sedersi
to speak	spoke	spoken	parlare
to spell	spelt	spelt	compitare
to stand	stood	stood	stare (in piedi)
to steal	stole	stolen	rubare
to swear	swore	sworn	giurare, bestemmiare
to swim	swam	swum	nuotare
to take	took	taken	prendere
to think	thought	thought	pensare
to understand	understood	understood	capire
to wake	woke	waken	svegliare, svegliarsi
to win	won	won	vincere
to write	wrote	written	scrivere

1.7.2 | Verbi ausiliari

In inglese si considerano verbi ausiliari tutti quelli che concorrono alla formazione di un modo o di un tempo verbale:

- **to be** (***am***, ***is***, ***are***, ***was***, ***were***): accompagna i verbi alla forma in *-ing* nelle forme progressive;
- **to have** (***have***, ***has***, ***had***): si usa per formare i tempi perfetti;
- **to do** (***do***, ***does***, ***did***): si usa per le forme interrogative e negative del presente e del passato semplici;
- **to let**: si usa per formare l'imperativo;

- **will / shall**: si usano per frmare il futuro;
- **could / might / would / should**: si usano per formare il condizionale.

> *Sue was playing the piano when I arrived* – Sue stava suonando il pianoforte quando sono arrivato
> *Have you passed your tests?* – Hai superato gli esami?
> *I couldn't eat so much if I had flu* – Non riuscirei a mangiare così tanto se avessi l'influenza
> *May I have some fruit, please?* – Potrei avere della frutta, per favore?
> *I thik that you will have a great time.* – Penso che ti divertirai
> *You shouldn't smoke so much* – Non dovresti fumare così tanto

I verbi ausiliari modali non modificano mai la loro struttura: non aggiungono la *-s* nella terza persona singolare, né i suffissi *-ing* e *-ed*. Inoltre sono sempre seguiti dall'infinito del verbo senza *to*.

1.7.3 | Verbi di opinione

I verbi che esprimono opinione introducono una frase oggettiva; quando implicano un'idea o un'azione futura, il verbo che segue è al ***simple future*** (costruito con l'ausiliare *will*).

I principali verbi di opinione sono: ***to agree*** (essere d'accordo), ***to feel*** (sentire), ***to forget*** (dimenticare), ***to imagine*** (immaginare), ***to mean*** (intendere), ***to realize*** (accorgersi), ***to recognize*** (riconoscere), ***to remember*** (ricordarsi), ***to see*** (capire), ***to find*** (trovare), ***to trust*** (avere fiducia), ***to hope*** (sperare), ***to suppose*** (presumere), ***to think*** (pensare), ***to doubt*** (dubitare), ***to believe*** (credere), ***to know*** (sapere), ***to consider*** (considerare), ***to count*** (contare), ***to understand*** (capire), ***to wonder*** (chiedersi), ***to say*** (dire).

> *I suppose that she won't come* – Suppongo che non verrà
> *I don't think that they will win the competition* – Non penso che vinceranno la gara
> *Liz knows that her parents will always help her* – Liz sa che i suoi genitori la aiuteranno sempre

1.7.4 | Verbi di percezione

I principali verbi di percezione sono: ***to hear*** (sentire), ***to see*** (vedere), **to look (at)** (guardare), ***to listen*** (ascoltare), ***to feel*** (provare), ***to smell*** (odorare), ***to taste*** (assaggiare), ***to notice*** (osservare), ***to watch*** (guardare), ***to sound*** (sentire / sembrare).

Possono essere seguiti da un complemento oggetto e un verbo all'infinito.

Quando l'infinito ha una funzione attiva (per esempio: *Vedo i bambini* ***correre***):

- se l'azione viene percepita dall'inizio alla fine, il verbo di percezione è seguito dall'oggetto e dalla forma base del verbo;

> *I saw a car crash against a wall* – Ho visto una macchina schiantarsi contro un muro
> *He heard a man go up the stairs and lock the door* – Sentì un uomo salire le scale e chiudere la porta a chiave

- se l'azione è percepita in una fase del suo svolgimento, il verbo di percezione è seguito dall'oggetto e dalla forma in *-ing*.

> *I can hear my neighbour singing in her garden* – Sento la mia vicina cantare in giardino
> *They listen to the lecturer speaking* – Ascoltano l'oratore parlare / mentre parla

Quando l'infinito italiano ha una funzione passiva (per esempio: *Sento* ***raccontare*** *tante storie*):

- se l'azione percepita è in fase di svolgimento, il verbo di percezione è seguito dall'oggetto e da ***being*** + participio passato.

> *We saw the show being performed* – Abbiamo visto rappresentare lo spettacolo
> *Billy smelt something being burnt* – Billy sentì bruciare qualcosa / che qualcosa bruciava

1.7.5 | Verbi di preferenza e gusto

I verbi ***to admire*** (ammirare), ***to appreciate*** (apprezzare), ***to fear*** (temere), ***to respect*** (rispettare), ***to love*** (amare), ***to like*** (piacere), ***to prefer*** (preferire), ***to adore*** (adorare), ***to dislike*** (non piacere), ***to hate*** (odiare) sono seguiti da un verbo al gerundio quando il parlante esprime una preferenza generica, e dal verbo all'infinito quando il parlante fa riferimento a circostanze particolari. Inoltre:

- quando questi verbi hanno come oggetto un verbo, questo assume la forma in *-ing;*

> *In my free time I generally prefer* ***painting*** *or* ***swimming*** – Di solito, nel tempo libero preferisco dipingere o nuotare
> *I hate* ***studying*** *for tests* – Odio studiare per il test

- quando il verbo di preferenza è espresso in forma condizionale, il verbo retto è all'infinito.

> *What would you like* ***to do*** *this evening?* – Che cosa vorresti fare questa sera?

1.7.6 | Verbi di volontà

I verbi di volontà sono: ***to wish*** (desiderare), ***to want*** (volere), ***to like*** (piacere). In italiano i verbi di volontà possono essere seguiti da una proposizione oggettiva all'infinito o da una proposizione al modo congiuntivo; in inglese, per esprimere la volontà che qualcuno faccia qualcosa, il verbo è seguito da un pronome personale complemento (relativo alla persona che dovrebbe compiere l'azione per volere del parlante) e dall'infinito.

> *His friends want him to help them* – I suoi amici vogliono che li aiuti
> *She likes her husband to cook* – Le piace che suo marito cucini

Il verbo ***to wish*** presenta invece una costruzione diversa: è seguito da un pronome personale soggetto e dal ***simple past*** (o ***past continuous*** o ***could*** + ***base***) per esprimere un desiderio irrealizzabile al presente, o dal ***past perfect*** (o ***could*** + ***have*** + ***past participle***) per esprimere il dispiacere per un'azione accaduta o non accaduta nel passato, o, ancora, da ***would*** + ***base*** per esprimere irritazione per un'azione compiuta da altri.

> *We wish we could live / lived in the country* – Vorremmo vivere in campagna
> *They wish the boy had not refused their offer* – Vorrebbero che il ragazzo non avesse rifiutato la loro offerta
> *I wish you wouldn't be so late in the evening* – Vorrei che non arrivassi così tardi la sera

1.7.7 | Verbi riflessivi

Non tutti i verbi riflessivi italiani sono riflessivi anche in inglese; spesso, infatti, si traducono con il verbo ***to get*** seguito da un aggettivo o da un participio passato. Per esempio: **to get lost** (perdersi), **to get dressed** (vestirsi), **to get used to** (abituarsi a) ecc. L'uso dei pronomi riflessivi è limitato a quei verbi la cui azione ricade sullo stesso soggetto che la compie.

> *He got angry because Luke had taken his car without telling him* – Si arrabbiò perché Luke aveva preso la macchina senza dirglielo

Sono verbi riflessivi in inglese, e pertanto seguiti dai pronomi riflessivi:

- **to amuse (oneself)** divertirsi
- **to avail (oneself)** avvalersi
- **to behave (oneself)** comportarsi
- **to blame (oneself)** sentirsi responsabile
- **to burn (oneself)** bruciarsi
- **to consider (oneself)** considerarsi
- **to cut (oneself)** tagliarsi

- **to dress (oneself)** vestirsi
- **to enjoy (oneself)** divertirsi
- **to help (oneself)** servirsi
- **to hide (oneself)** nascondersi
- **to hurt (oneself)** ferirsi, farsi male
- **to look at (oneself)** guardarsi
- **to shave (oneself)** radersi
- **to wash (oneself)** lavarsi

> *We have decided to avail ourselves with your offer* – Abbiamo deciso di approfittare della vostra offerta

Alcuni verbi riflessivi vengono usati a volte omettendo il pronome riflessivo.

> *My brother gets up at 7.30 a.m., then washes and shaves* – Mio fratello si alza alle 7.30, poi si lava e si rade

A molti verbi italiani riflessivi o intransitivi pronominali corrispondono in inglese verbi intransitivi o transitivi *senza* pronome, oppure perifrasi con il verbo ***to get***:

- **to apologize** scusarsi
- **to be interested** interessarsi
- **to be surprised, amazed** stupirsi
- **to break up, separate** lasciarsi, separarsi
- **to climb** arrampicarsi
- **to complain** lamentarsi
- **to concentrate** concentrarsi
- **to congratulate** congratularsi
- **to deign** degnarsi
- **to dive** tuffarsi
- **to fall asleep** addormentarsi
- **to fall in love** innamorarsi
- **to feel** sentirsi
- **to forget** dimenticarsi
- **to get engaged** fidanzarsi
- **to get in with** unirsi
- **to get up** alzarsi
- **to get angry** arrabbiarsi
- **to get bored** stancarsi
- **to get dirty** sporcarsi
- **to get dressed** vestirsi
- **to get drunk** ubriacarsi
- **to get ill** ammalarsi
- **to get lost** perdersi
- **to get married** sposarsi
- **to get ready** prepararsi
- **to get tired** stancarsi
- **to get upset** sconvolgersi
- **to get wet** bagnarsi
- **to get worried** preoccuparsi
- **to hurry up** sbrigarsi

- **to move** trasferirsi
- **to notice, realize** accorgersi, rendersi conto
- **to refer** riferirsi
- **to remember** ricordarsi
- **to rest, relax** riposarsi, rilassarsi
- **to sit down** sedersi
- **to stand up** alzarsi
- **to stop** fermarsi
- **to take off** togliersi
- **to wake up** svegliarsi
- **to wonder** chiedersi
- **to worry** preoccuparsi

Ai seguenti verbi italiani con valore reciproco corrispondono in inglese verbi che omettono di esprimere i pronomi reciproci **each other**:

- **to embrace** abbracciarsi
- **to fight** lottare, battersi
- **to greet** salutarsi
- **to kiss** baciarsi
- **to marry** sposarsi
- **to meet** incontrarsi, conoscersi
- **to say hello / goodbye** salutarsi

1.7.8 | Verbi seguiti da *to, -ing* o *that* + soggetto + *should*

Alcuni verbi sono seguiti da TO + l'**INFINITO** di un altro verbo:

- **to afford to** permettersi di
- **to agree to** essere d'accordo a
- **to arrange to** organizzare
- **to ask to** chiedere di
- to be able to essere in grado di
- **to be easy to / difficult to / hard to ecc.** essere facile, difficile, molto difficile ecc.
- **to beg to** implorare di
- **to bother to** disturbarsi a
- **to choose to** scegliere di
- **to claim to** affermare, rivendicare, esigere
- **to condescend to** accondiscendere a, acconsentire a
- **to consent to** acconsentire a
- **to decide to** decidere di
- **to decline to** rifiutare di
- **to demand to** richiedere di, esigere di
- **to deserve to** meritare di
- **to guarantee to** garantire di
- **to have the right to** avere il diritto di
- **to have to** dovere
- **to help (to)** aiutare a
- **to hesitate to** esitare a
- **to hope to** sperare di
- **to learn to** imparare a
- **to make an effort to** sforzarsi di, impegnarsi a

- **to make up one's mind to** decidersi a
- **to manage to** riuscire a
- **to need to** avere bisogno di
- **to neglect to** trascurare di
- **to offer to** offrire / -rsi di
- **to pause to** fermare / -rsi per
- **to plan to** programmare di
- **to prove to** provare, dimostrare di
- **to refuse to** rifiutare / -rsi di
- **to rush to** affrettarsi, precipitarsi a
- **to take the trouble to** darsi la pena, preoccuparsi, prendersi la briga di
- **to take time to** volerci per, impiegarci per
- **to tend to** tendere a
- **to turn out to** rivelarsi
- **to undertake to** impegnarsi a, intraprendere

> *My parents are planning to buy a new house in Germany* – I miei genitori stanno programmando di / hanno in programma di comprare una nuova casa in Germania
> *We arranged to accommodate our grandmother* – Ci siamo organizzati per ospitare nostra nonna
> *The measures we had taken proved to be the best we could ever adopt* – I provvedimenti che abbiamo preso si sono dimostrati i migliori che potessimo mai adottare
> *Jack will refuse to invite you to the party* – Jack si rifiuterà di invitarti alla festa

In generale, sono seguiti dall'infinito tutti quei verbi che esprimono:

- **idea di un evento futuro**: ***to aim*** (mirare), ***to desire*** (desiderare), ***to endeavour*** (sforzarsi / tentare), ***to expect*** (aspettarsi), ***to fail*** (fallire), ***to happen*** (succedere), ***to hope*** (sperare), ***to long*** (desiderare ardentemente), ***to mean*** (intendere), ***to prepare*** (preparare), ***to proceed*** (procedere), ***to promise*** (promettere), ***to propose*** (proporre), ***to refuse*** (rifiutare / -rsi), ***to seek*** (cercare / perseguire), ***to swear*** (giurare), ***to threaten*** (minacciare), ***to volunteer*** (offrirsi), ***to want*** (volere), ***to wish*** (desiderare);

> *He hopes to find an interesting job* – Spera di trovare un lavoro interessante
> *The new economic policy aims to increase productivity* – La nuova politica economica mira ad aumentare la produttività
> *She swore not to say those words again* – Giurò di non dire più quelle parole

- **idea di ritardo**: ***to hesitate*** (esitare), ***to wait*** (aspettare) ecc.;

> *Don't hesitate to call me if you need my help* – Non esitare a chiamarmi se hai bisogno del mio aiuto
> *We are waiting to meet his new girlfriend* – Stiamo aspettando di conoscere la sua nuova fidanzata

- **idea di persuasione**: ***to cause*** (causare), ***to compel*** (costringere), ***to encourage*** (incoraggiare), ***to force*** (forzare), ***to get*** (convincere), ***to help*** (aiutare), ***to instruct*** (istruire), ***to invite*** (invitare), ***to persuade*** (persuadere), ***to warn*** (avvisare), ***to teach*** (insegnare). Questi verbi sono solitamente seguiti anche dall'oggetto;

> *I forced him not to go out at night again* – L'ho costretto a non uscire più la sera
> *They persuaded me to follow their advice* – Mi hanno convinto a seguire i loro consigli

- **idea di apparenza**: ***to seem*** (sembrare), ***to appear*** (apparire), ***to believe***[1] (credere), ***to pretend*** (fingere), ***to profess*** (professare / manifestare / dichiararsi), ***to think***[1] (pensare).

  You pretend to feel sick not to go to school! – Fingi di stare male per non andare a scuola!
  Once we were thought to be unreliable – Una volta pensavano che noi fossimo inaffidabili

Sono seguiti da un verbo all'**INFINITO SENZA IL *TO*** (ovvero dalla sola base):

- **verbi difettivi o modali**: ***can / could (potere)***, ***may / might*** (potere), ***shall / should*** (dovere), ***will / would*** (volere), ***must*** (dovere), ***need*** (essere necessario), ***would rather*** (preferire), ***had better*** (fare meglio);

  Your colleagues should explain your new job to you – I tuoi colleghi dovrebbero illustrarti il tuo nuovo lavoro
  You had better apologize to her – Faresti meglio a scusarti con lei
  It may rain – Potrebbe piovere

- **to make, to let** (in corrispondenza della fraseologica italiana **fare** + infinito);

  Let the children play in the garden! – Lascia che i bambini giochino in giardino
  The noise made the baby cry – Il rumore ha fatto piangere il bambino

- **verbi di percezione** (si veda il § 1.7.4).

  The woman heard the baby cry and dandled him – La donna sentì il bambino piangere e lo cullò

Altri reggono la forma in -***ING*** di un altro verbo:

- **to abandon** abbandonare
- **to admit** ammettere
- **to advocate** difendere, sostenere
- **to anticipate** anticipare
- **to avoid** evitare
- **to be busy** essere occupato
- **to be no good** non servire a nulla, essere inutile
- **to be no use / useless** essere inutile
- **to be worth(while)** meritare
- **to celebrate** festeggiare
- **to consider** considerare
- **to contemplate** contemplare
- **to defer** differire, rinviare
- **to deny** negare
- **to doubt** dubitare
- **to entail** comportare, richiedere, esigere
- **to envisage** prevedere, considerare
- **to escape** fuggire
- **to evade** evitare, eludere, fuggire
- **to face** affrontare
- **to feel like** avere voglia di
- **to imagine** immaginare
- **to involve** coinvolgere
- **to loathe** detestare, aborrire, disgustarsi

1. Alla forma passiva.

- **to mention** — citare, menzionare
- **to miss** — perdere
- **to recollect** — ricordare / -rsi, rammentare / -rsi
- **to recommend** — raccomandare
- **to relish** — gustare, gradire
- **to resent** — offendersi, risentirsi
- **to resist** — resistere
- **to risk** — rischiare
- **to save** — risparmiare, salvare
- **to suggest** — suggerire
- **to understand** — capire

I don't feel like playing with you now! I'm tired – Non ho voglia di giocare con te adesso! Sono stanco
They avoided telling her the truth – Hanno evitato di dirle la verità

La *-ing form* è retta anche da preposizioni, verbi fraseologici e verbi seguiti da preposizioni.

Beside being ruthless your friend won't respect the others – Oltre a non avere scrupoli, il tuo amico non rispetta gli altri
Since he took up with preparing exotic meals he spends all Sundays in the kitchen – Da quando si diletta a preparare piatti esotici, passa tutte le domeniche in cucina
They prevented him from being fired – Hanno impedito che venisse licenziato

Sono seguiti dalla *-ing form* di un altro verbo, inoltre, i verbi che esprimono:

- **idea di continuazione o arresto**: ***to carry on*** (continuare a), ***to delay*** (rimandare), ***to stop*** (smettere), ***to finish*** (finire), ***to keep (on)*** (continuare), ***to postpone*** (rimandare), ***to resume*** (riassumere), *to* ***put off*** (rinviare) e altri;

  Please, carry on reading – Per favore, continua a leggere
  Stop complaining! You have no reason to! – Smettila di lamentarti! Non ne hai motivo!

- **preferenza o gusto**: ***to appreciate*** (apprezzare), ***to detest*** (detestare), *to* ***dislike*** (disgustare), ***to enjoy*** (godere), ***to fancy*** (gradire, piacere), ***(don't) mind*** (non importare), ***(can't) stand / bear*** (non sopportare), ***to tolerate*** (tollerare). Esprimono, in questo modo, una preferenza generica e generale.

  My father enjoys listening to classical music – A mio padre piace ascoltare musica classica
  I can't stand going out when it rains – Non sopporto uscire quando piove

Quando si vuole esprimere invece una preferenza in una circostanza precisa, il verbo che segue sarà all'infinito.

Do you prefer to have a sandwich or a salad for lunch? – Preferisci un panino o un'insalata per pranzo?
I usually prefer having a shower before dinner – Di solito preferisco fare la doccia prima di cena

Possono essere seguiti tanto dalla forma in ***-ING*** quanto dall'**INFINITO** alcuni verbi che, per questo, assumono significati diversi:

- i verbi che esprimono **idea di inizio / fine**: to ***begin*** (cominciare), ***to continue*** (continuare), ***to go on*** (continuare), ***to start*** (cominciare, iniziare)***, to stop*** (smettere, fermarsi). Quando indicano un'azione interrotta per svolgerne un'altra, o l'inizio di un'azione diversa, questi verbi sono seguiti dall'**infinito**; sono seguiti dal verbo in *-ing* quando evidenziano la continuità o l'interruzione momentanea di un'azione;

*After the break the lecturer went on **to show** his charts to the audience* – Dopo la pausa l'oratore continuò con il mostrare i suoi grafici al pubblico
*The lecturer went on **speaking** for about three hours* – L'oratore continuò a parlare per circa tre ore
*Are you really going **to stop** to smoke?* – Hai davvero intenzione di smettere di fumare?
*He stopped **playing** the piano to answer the phone; then he continued playing* – Smise di suonare il pianoforte per rispondere al telefono; poi continuò a suonare

- ***to forget*** (dimenticare), ***to mean*** (intendere), ***to remember*** (ricordare), ***to regret*** (dispiacersi), ***to need*** (avere bisogno), ***to try*** (provare);

  to forget, to remember, to regret + *-ing form*: dimenticare (rispetto al passato), ricordare (rispetto al passato), dispiacersi di un'azione compiuta nel passato;

  to forget, to remember, to regret + infinito: dimenticare (rispetto al presente), ricordare (rispetto al presente), dispiacersi di un'azione presente;

  My mother remembers posting the letter – Mia madre ricorda di avere imbucato la lettera
  My mother remembers to post the letter – Mia madre si ricorda di imbucare la lettera

- ***to mean*** + infinito: intendere;

  to mean + gerundio: significare;

  I would mean to travel – Avrei intenzione di viaggiare
  To accept that job would mean travelling – Accettare quel lavoro significherebbe viaggiare

- ***to need*** + gerundio: funzione passiva;

  to need + infinito: funzione attiva;

  The house needs repainting – La casa ha bisogno di essere ritinteggiata
  My family need to spend more time together – La mia famiglia ha bisogno di trascorrere più tempo insieme

- ***to try*** + infinito: provare a, cercare di;

  to try + gerundio: sperimentare.

  I try to cut my hair but can't – Provo a tagliarmi i capelli ma non ci riesco
  I try cutting my hair following the latest trend – Tento di tagliarmi i capelli secondo la nuova moda

Quando reggono proposizioni infinitive (oggettive o soggettive) alcuni verbi inglesi sono seguiti da **THAT + SOGGETTO + SHOULD + BASE**:

- **to be desirable** — essere desiderabile
- **to be essential / important / necessary / vital** — essere essenziale / importante / necessario / vitale
- **to ask** — chiedere
- **to command** — comandare
- **to demand** — richiedere, esigere
- **to insist** — insistere
- **to order** — ordinare
- **to propose** — proporre
- **to recommend** — raccomandare
- **to request** — richiedere
- **to suggest** — proporre / suggerire

It is important that she should learn to face problems – È importante che impari ad affrontare i problemi
I insist that that work should be done – Insisto che quel lavoro venga eseguito

1.7.9 | Verbi servili

I **verbi servili** o **modali** (che traducono potere, volere, dovere) si distinguono dagli altri verbi perché sono seguiti dalla forma base del verbo (a esclusione di *to want*), non prendono la **-*s*** alla terza persona singolare del presente semplice (a esclusione di *to want*), e sono in gran parte ausiliari nelle frasi interrogative e negative.

Potere

Il verbo "potere" si traduce ***can / could, may / might***. ***May*** esprime una possibilità meno certa di quella espressa da ***can***, e si usa anche nelle interrogative per chiedere un permesso; ***could*** e ***might*** corrispondono al condizionale presente di ***can*** e ***may***; ***could*** è anche il ***simple past*** di ***can***; ***might*** esprime una possibilità ancor più remota di quella espressa da ***may***. "Potere" si può anche tradurre ***to be able to***, che al passato o al presente esprime un'abilità o capacità dimostrata in una particolare circostanza (essere in grado di) e sostituisce ***can*** al tempo futuro.

Nobody knows where Mark is; he may be ill or he might have left for a journey – Nessuno sa dov'è Mark; può essere malato o potrebbe essere partito per un viaggio
It can't be true! – Non può essere vero!
When I was young I could do jogging for hours and hours – Quando ero giovane riuscivo a fare jogging per ore e ore
May I have some water please? – Potrei avere dell'acqua, per favore?
I'm sure that I will be able to get that job – Sono certo che riuscirò a ottenere quel lavoro

Volere

Esistono diverse possibili traduzioni del verbo "volere" a seconda del significato che esso assume all'interno della frase:

- ***to want*** (volere), ***to like*** (piacere), ***to wish*** (desiderare);

  They want some beer – Vogliono della birra
  Sometimes I wish I lived in a desert island – A volte vorrei vivere su un'isola deserta

- ***will / would***, per formulare inviti, richieste o esprimere un rifiuto ostinato;

  Will you listen to me, please? – Vuoi ascoltarmi, per favore?
  The window won't open – La finestra non si apre / non vuole aprirsi

- ***to need, to require*** (volerci, richiedere, preferire);

  We need / require more time to carry on the research – Ci vuole più tempo / Abbiamo bisogno di più tempo per condurre l'indagine

- ***would rather*** (forma al condizionale del verbo ***to prefer***); al presente è seguito dall'infinito senza il *to*, al passato è seguito da ***have + past participle***; se invece è seguito da un'oggettiva introdotta da ***that***, al presente è seguito dal ***simple past***, mentre al passato è seguito dal ***past perfect***.

  I would rather go now – Preferirei andarmene, adesso
  I would rather have gone – Avrei preferito andarmene
  I would rather that they went – Preferirei che se ne andassero
  I would rather that they had gone – Avrei preferito che se ne andassero

Dovere

Anche il verbo "dovere" ha molteplici traduzioni in base al valore che assume nella frase:

- ***must, to have to***; ***to have to*** sostituisce ***must*** al tempo futuro e passato ed esprime obbligo imposto dalle circostanze, indipendentemente dalla volontà del soggetto, oppure assenza di necessità;

  You must respect the law! – Devi rispettare la legge!
  You can't go out because you have to do your homework – Non puoi uscire perché devi fare i compiti

- ***shall*** si usa nelle interrogative per formulare proposte; ***should***, condizionale di dovere, è usato per esprimere un consiglio, un suggerimento;

  Shall I close the window? – Devo chiudere la finestra?
  Shall we have dinner in a restaurant this evening? – Ceniamo al ristorante questa sera?
  They shouldn't believe whatever he says – Non dovrebbero credere a tutto quello che dice

- ***needn't*** (non essere necessario); la forma passata è ***needn't have + past participle*** se l'azione non necessaria è stata compiuta, oppure ***didn't need to + infinito*** se l'azione non necessaria non è stata compiuta;

  You needn't come by car. The meeting point is in front of your house – Non è necessario che tu venga in macchina / Non devi venire in macchina. L'appuntamento è di fronte a casa tua
  You needn't have come by car. The meeting point was in front of your house – Non era necessario che venissi in macchina / Non dovevi venire in macchina. L'appuntamento era di fronte a casa tua
  You didn't need to come by car. The meeting point was in front of your house – Non era necessario che venissi in macchina. L'appuntamento era di fronte a casa tua

- ***to be to***, azione programmata o ordini da rispettare;

  The staff is to meet the new chairman at lunch time – I dipendenti dovranno incontrare il nuovo presidente all'ora di pranzo

- ***to be due to***: essere dovuto a, scadere, partire o arrivare;

  The car accident was due to the fog – L'incidente è stato dovuto alla nebbia
  The payment is due on 4th June – Il pagamento va in scadenza il 4 giugno
  The train is due to leave at 8 a.m. – Il treno deve partire / parte alle 8 del mattino

- ***to owe***: essere debitore.

  He saved me. I owe my life to him – Mi ha salvato. Gli devo la vita

1.7.10 | Fare + infinito con valore passivo

Se nella frase italiana l'infinito esprime una funzione passiva, in inglese si rende:

- ***to have / get*** + oggetto o pronome personale complemento + ***past participle***.

  I had my house painted by my friend – Ho fatto tinteggiare la casa dal mio amico

Se l'infinito esprime una funzione attiva:

- ***to make*** + oggetto o pronome personale complemento + base (per esprimere un'azione istintiva o un'obbligo);

All that smoke made my eyes water – Tutto quel fumo mi ha fatto lacrimare
As Dylan had got a bad mark, his father made him study harder – Poiché Dylan aveva preso un brutto voto, il padre lo fece / costrinse a studiare di più

- ***to let*** + oggetto o pronome personale complemento + base (per significare il permesso);

  My brother let me drive his car – Mio fratello mi fa / lascia guidare la sua macchina

- ***to get*** + oggetto o pronome personale complemento + infinito (per esprimere persuasione);

  In the end we got him to accept the offer – Alla fine lo abbiamo convinto a / gli abbiamo fatto accettare la proposta

- ***to ask*** + oggetto o pronome personale complemento + infinito (per esprimere invito o richiesta).

  I asked Juliet to take me to the station – Mi sono fatta accompagnare da Juliet alla stazione

Diversi verbi inglesi includono nel proprio significato il valore causativo di "fare +infinito":

- **to boil** fare bollire
- **to borrow** farsi prestare
- **to charge (for)** fare pagare
- **to drive somebody mad / crazy** fare impazzire q.no
- **to drop** fare cadere
- **to fly** fare volare
- **to grow** fare crescere
- **to introduce** fare conoscere
- **to keep** fare tenere
- **to let somebody in / into / out** fare intrare / uscire
- **to make oneself loved / understood / hated / respected** farsi amare / capire / odiare / rispettare
- **to send (for)** fare chiamare
- **to show** fare vedere
- **to show up** fare risaltare
- **to turn up** farsi vivo

1.7.11 | Verbi fraseologici (Phrasal verbs)

Come già accennato nel paragrafo sulle preposizioni, un'altra particolarità dell'inglese sono i ***phrasal verbs*** o ***verbi fraseologici***. Si tratta di costrutti in cui il verbo è accompagnato da una particella (preposizione o avverbio) che conferisce al verbo un significato diverso dalla forma originale. Dato il numero elevatissimo di ***phrasal verbs***, si riportano soltanto alcuni dei più frequenti nell'uso.

To be

- **to be about** stare per
- **to be in with** avere un rapporto con q.no
- **to be off** andarsene, andare / sospendere
- **to be up to** spettare a, stare a

To break

- **to break down** abbattere, demolire-analizzare
- **to break in** fare irruzione
- **to break off** interrompersi / separarsi
- **to break out** scoppiare
- **to break through** sfondare, penetrare
- **to break up** sciogliere, dividere

To bring

- **to bring about** essere causa di, avere
- **to bring down** ridurre
- **to bring forward** mostrare
- **to bring in** fruttare, guadagnare
- **to bring on** provocare
- **to bring out** portare alla luce, mettere in evidenza
- **to bring round** persuadere

To call

- **to call after** dare il nome di
- **to call for** chiamare / necessitare
- **to call in** far venire in aiuto
- **to call off** cancellare, sospendere
- **to call on** rivolgersi a

To come

- **to come across** imbattersi, incontrare per caso
- **to come down** rovinarsi / tramandare / opporsi / rimproverare
- **to come forward** candidarsi
- **to come in** entrare
- **to come off** staccarsi da / avere luogo / cadere / riuscire
- **to come out** uscire, venire fuori
- **to come out with** rivelare
- **to come through** riuscire, superare
- **to come up** venire fuori, saltare fuori
- **to come up with** offrire, fornire

To fall

- **to fall back** ritirarsi, indietreggiare
- **to fall down** cadere, crollare
- **to fall off** diminuire
- **to fall out** andare a finire, risultare

To get

- **to get around / about** andare in giro
- **to get at** arrivare a / corrompere / insinuare
- **to get away** fuggire
- **to get back** riottenere
- **to get by** passare
- **to get down** occuparsi di / tirare giù
- **to get into** salire su un veicolo
- **to get off** scendere da un veicolo
- **to get on with** andare d'accordo con
- **to get over** guarire, riprendersi

To give

- **to give away** distribuire, assegnare / svelare
- **to give back** restituire
- **to give in** arrendersi
- **to give out** annunciare / esaurirsi, finire / soccombere, cadere
- **to give up** arrendersi, rinunciare

To go

- **to go about** andare in giro
- **to go after** cercare di ottenere
- **to go along with** andare d'accordo con
- **to go away** andare via
- **to go back** tornare
- **to go by** trascorrere, passare
- **to go down** scendere
- **to go for** andare a prendere
- **to go on** andare, avanti, proseguire, continuare

To look

- **to look after** badare, accudire
- **to look at** guardare
- **to look forward to** non vedere l'ora di
- **to look into** studiare a fondo, esaminare
- **to look out** fare attenzione, guardarsi da
- **to look through** esaminare
- **to look up** migliorare / guardare con ammirazione / cercare in un libro

To make

- **to make off** fuggire, scappare
- **to make out** compilare, riempire / decifrare, capire
- **to make up** inventare / truccare / preparare, comporre

To pull

- **to pull away** allontanare, trascinare via
- **to pull down** abbassare, tirare giù / deprimere, demoralizzare
- **to pull in** trattenere, frenare
- **to pull out** tirarsi fuori, estrarre

To put

- **to put off** rimandare, differire / sbarazzarsi di / scoraggiare, dissuadere
- **to put down** mettere giù, posare / sedare, reprimere / annotare / abbattere un animale / umiliare, mortificare
- **to put on** indossare / assumere (un atteggiamento)
- **to put up** costruire, erigere

To take

- **to take after** assomigliare a, prendere da
- **to take back** riprendere / ritrattare, ritirare
- **to take in** accogliere, ospitare / capire, afferrare
- **to take off** togliersi, togliere
- **to take on** intraprendere / assumersi
- **to take out** portare fuori / togliere
- **to take over** assumere la direzione di
- **to take up** intraprendere, dedicarsi a / assumere / ricominciare

To turn

- **to turn against** mettere contro, inimicare
- **to turn away** scacciare, mettere alla porta
- **to turn back** tornare indietro, sui propri passi
- **to turn down** rifiutare

- **to turn off** spegnere, chiudere
- **to turn on** accendere, aprire
- **to turn out to** rivelarsi
- **to turn up** presentarsi, farsi vivo

In 1914 World War I broke out – La Prima Guerra mondiale è scoppiata nel 1914
Her name came up in the conversation – Il suo nome è venuto fuori durante la conversazione
They're a perfect couple: they get on very well together – Sono una coppia perfetta: vanno molto d'accordo
Let's look into the matter before deciding – Esaminiamo la questione prima di decidere
If I could turn back time I wouldn't make the same mistakes again – Se potessi tornare indietro non commetterei ancora gli stessi sbagli

1.7.12 | Forme verbali

I **modi** si distinguono in finiti (indicativo, congiuntivo e imperativo) e primitivi (infinito, gerundio, participio). I **tempi** verbali dell'indicativo (presente, passato, futuro) e i tempi del condizionale hanno sia forma semplice sia forma progressiva (che esprime l'azione in fase di svolgimento). La tabella seguente riporta, per ciascun tempo verbale, le due forme possibili. Nella tabella successiva, i relativi esempi.

	SIMPLE FORM	PROGRESSIVE FORM
Present	Simple Present	Present Continuous
Past	Simple Past	Past Continuous
Future	Simple Future	Future Continuous
Conditional	Present Conditional	Present Conditional Continuous
Present Perfect	Present Perfect	Present Perfect Continuous (Duration Form)
Past Perfect	Past Perfect	Past Perfect Continuous (Duration Form)
Future Perfect	Future Perfect	Future Perfect Continuous (Duration Form)
Perfect Conditional	Perfect Conditional	Perfect Conditional Continuous (Duration Form)

Esempi

	SIMPLE FORM	PROGRESSIVE FORM
Present	**We have breakfast at 8 in the morning** – Facciamo colazione alle 8 del mattino	**We are having breakfast in the cafeteria near the office** – Stiamo facendo colazione nel bar vicino all'ufficio
Past	**She had a cup of tea for breakfast** – Bevve una tazza di tè per colazione	**She was having a cup of tea for breakfast** – Stava bevendo una tazza di tè per colazione
Future	**I think that tomorrow I will enjoy the party** – Penso che domani mi godrò la festa	**I think that tomorrow I will be enjoying the party** – Penso che domani mi starò godendo la festa

	SIMPLE FORM	PROGRESSIVE FORM
Conditional	**If the managers changed their mind, the president would review the plan** – Se gli amministratori cambiassero idea, il presidente riesaminerebbe il progetto	**If the managers had changed their mind, the president would be reviewing the plan** – Se gli amministratori avessero cambiato idea, il presidente riesaminerebbe / starebbe riesaminando il progetto
Present Perfect	**The tennis players have played the second set** – I tennisti hanno giocato il secondo set	**The tennis players have been playing for one hour** – I tennisti stanno giocando da un'ora
Past Perfect	**She said that she had walked as far as the office** – Disse che aveva camminato / di aver camminato fino all'ufficio	**She said that she had been walking for a couple of hours** – Disse che stava camminando da un paio di ore
Future Perfect	**In two years' time my employer will have taught me how to cope perfectly with that job** – Tra due anni il mio datore mi avrà insegnato come organizzare quel lavoro in modo perfetto	**In two years my employer will have been teaching me how to cope perfectly with that job for two years** – Tra due anni il mio datore mi starà insegnando come organizzare perfettamente quel lavoro da due anni
Perfect Conditional	**If they had known that you are so sensitive they wouldn't have made fun of you** – Se avessero saputo che sei così sensibile, non ti avrebbero preso in giro	**If they had known that you are so sensitive they wouldn't have been making fun of you for such a long time** – Se avessero saputo che sei così sensibile, non ti avrebbero preso in giro per tutto quel tempo

Non tutti i verbi in inglese hanno **la forma progressiva**. Alcuni presentano solo la forma semplice. Tra questi:

- i verbi di **opinione** o di **pensiero**, di **percezione**, di **sentimento** o di **stato d'animo**, di **volontà**, di **possesso** (***to belong*** – appartenere; ***to have got*** – avere; ***to owe*** – dovere; ***to own*** – possedere; ***to possess*** – possedere);
- i verbi di **stato** (***to appear*** – apparire; ***to astonish*** – stupire; ***to be*** – essere; ***to concern*** – riguardare; ***to consist*** – consistere; ***to cost*** – costare; ***to depend*** – dipendere; ***to deserve*** – meritare; ***to impress*** – colpire; ***to include*** – includere; ***to involve*** – coinvolgere; ***to need*** – aver bisogno; ***to resemble*** – somigliare; ***to surprise*** – sorprendere; ***to weigh*** – pesare).

Modi primitivi

- **Infinitive** (***present*** = to + base; ***past*** = to have + past participle)

  To be good at English – Andare bene in inglese
  To have been good at English – Essere andati bene in inglese

- **Gerund** (***present*** = base + *-ing form*; ***past*** = having + past participle)

  Having lunch – Pranzando / Pranzare
  Having had lunch – Avendo pranzato

- **Participle** (***present*** = base + *-ing form*; ***past*** = base + *-ed* se il verbo è regolare)

  Surprising – Sorprendente
  Surprised – Sorpreso

Possono avere la funzione di aggettivi o sostantivi (***verbals***), come le forme nominali del verbo in italiano:

  It was an amusing show – È stato uno show divertente
  Talking is an art – Parlare è un'arte

Modo congiuntivo

Non esiste una vera e propria coniugazione per il modo congiuntivo; viene reso con il **modo condizionale** (that + soggetto + *should* + verbo alla forma base) o con il ***simple past*** (I wish you *were* here) o con l'**infinito** (Let it *be*) in base al verbo che lo precede;

  My doctor recommends that he (should) take these medicines – Il dottore gli raccomanda di prendere / raccomanda che lui prenda questi farmaci

Modo imperativo

- le forme della seconda persona si ottengono usando la forma base *(don't) let* + pronome personale complemento + base;

  Let them go! – Lasciate che vadano!
  Pass me the salt, please – Passami il sale, per favore

Modo indicativo

Forme del presente

- **simple present**: si aggiunge **-s** alla base del verbo solo alla terza persona singolare; nelle forme interrogative, negative o interrogativo-negative si usano gli ausiliari ***do / does***;

  What time do you usually go to bed? – A che ora vai a dormire, di solito?
  Sam usually has a shower before going to bed – Di solito Sam si fa la doccia prima di andare a dormire

- **present continuous**: *to be* (al presente) + verbo alla forma in *-ing*; traduce l'espressione italiana "stare + gerundio";

  Many people are waiting for the bus at the bus stop – Molte persone stanno aspettando / aspettano l'autobus alla fermata

- **present perfect**: ***have / has*** + ***past participle***; indicatori di questo tempo verbale (che esprime un'azione cominciata nel passato e ancora in fase di svolgimento, o i cui effetti sono ancora attuali) sono gli avverbi ***almost*** (quasi), ***already*** (già), ***always*** (sempre), ***just*** (appena), ***never / ever*** (mai), ***not … yet*** (non ancora), ***often*** (spesso), ***rarely / seldom*** (raramente), ***recently*** (recentemente) e la preposizione *for* (da) che esprime la durata di un'azione;

  We have known each other or twenty years – Ci conosciamo da vent'anni
  I haven't finished the washing-up yet – Non ho ancora finito di lavare i piatti

- **present perfect continuous** (***duration form***): è la forma progressiva del ***present perfect*** e si costruisce con ***have / has*** + ***been*** + *-ing form*; indicatori di questa forma sono ***for*** (da, con l'indicazione della durata dell'azione) e ***since*** (da, con indicazione del punto di inizio nel tempo dell'azione);

The engineer has been designing a new skyscraper for months – L'ingegnere sta progettando un nuovo grattacielo da mesi
He must be tired: he has been driving for five hours – Dev'essere stanco: sta guidando da cinque ore

Forme del passato

- **simple past**: per i verbi regolari si forma aggiungendo -***ed***; l'ausiliare è ***did***; esprime un'azione accaduta e conclusasi nel passato;

The student studied till late – Lo studente ha studiato / studiò fino a tardi

- **past continuous**: ***to be*** (al passato) + *-ing form*;

He was walking in the park when I met him – Stava passeggiando nel parco quando lo incontrai

- **past perfect**: ***had*** + ***past participle***; è il tempo delle azioni anteriori a quelle espresse dal ***simple past***; viene usato prevalentemente nel discorso indiretto e nel terzo periodo ipotetico;

My grandparents told me that they had got married during the war – I miei nonni mi hanno raccontato che si sono sposati durante la guerra

- **past perfect continuous *(duration form)***: ***had*** + ***been*** + *-ing form*; è la forma progressiva del ***past perfect***;

When I met you I had been studying artistic dance for three years – Quando ti ho conosciuto stavo studiando danza artistica da tre anni

Forme del futuro

- **simple future**: si forma aggiungendo l'ausiliare ***will*** (o ***shall*** alla prima persona singolare e plurale); esprime un'azione che accadrà in futuro indipendentemente dalla volontà di qualcuno, una previsione, un'opinione personale, o esprime un'azione compiuta d'istinto, non premeditata;

We are sure that we will have a great time – Siamo sicuri che ci divertiremo
In the next millennium computers will be the more and more indispensable for life – Nel prossimo millennio i computer saranno sempre più indispensabili per la vita
What a windy day! I'll put the coat on – Che giornata ventosa! Metterò / Metto il cappotto

- **future continuous**: ***will be*** + *-ing form*; è la forma progressiva del ***simple future***;

At the fancy dress party George will be wearing a navy uniform – Alla festa in maschera George indosserà un'uniforme della marina

- **present continuous**: esprime un'idea di futuro in presenza di un indicatore temporale (avverbio o espressione di tempo, orari ecc.) per indicare un'azione programmata o che accadrà nel futuro immediato;

What are you doing on Saturday night? – Che cosa farete sabato sera?

- **futuro intenzionale**: ***to be going to*** + infinito; indica la ferma intenzione di compiere un'azione (avere deciso / intenzione di) o un'azione che sta indubbiamente per accadere;

I can't stand my neighbours. I'm going to move – Non sopporto i miei vicini. Ho deciso di trasferirmi

- **future perfect**: ***will have*** + ***past participle***; corrisponde esattamente al futuro anteriore italiano;

    By the end of the year you will have made up your mind, I hope! – Per la fine dell'anno avrai deciso, spero!

- **future perfect continuous**: ***will have been*** + *-ing form*; è la forma progressiva del ***future perfect***.

    Next week I'll have been working as a secretary for five years – La prossima settimana saranno cinque anni che lavoro come segretaria / avrò lavorato come segretaria per cinque anni

Modo condizionale

- **present conditional**: si costruisce con l'ausiliare ***would*** seguito dalla base;

    They would never tell me lies – Non mi racconterebbero mai bugie

- **present conditional continuous**: ***would be*** + *-ing form*; è la forma progressiva del condizionale;

    If I were unemployed I would be looking for a job – Se fossi disoccupato starei cercando / sarei alla ricerca di / cercherei un lavoro

- **perfect conditional**: ***would have*** + ***past participle***; corrisponde al condizionale passato;

    His friends would have never imagined he was in trouble – I suoi amici non avrebbero mai immaginato che era nei guai

- **perfect conditional continuous**: ***would have been*** + *-ing form*; è la forma progressiva del condizionale passato.

    If your stories had been successful, you would have been writing a book – Se le tue storie avessero avuto successo, staresti scrivendo / scriveresti un libro

Quando è necessario tradurre i verbi *potere* e *dovere*, gli ausiliari del condizionale sono ***could*** (potere), ***should / ought to / had better*** (dovere, fare meglio a).

> *We couldn't appreciate his strange paintings* – Non potremmo capire i suoi strani dipinti
> *You ought to watch carefully before crossing a street* – Faresti bene a guardare con attenzione prima di attraversare una strada

1.7.13 | Forma passiva

In inglese il passivo si forma come in italiano con l'ausiliare ***to be*** (coniugato al modo e al tempo della frase attiva) + ***past participle***.

> *Those shoes are made in Taiwan* – Quelle scarpe sono prodotte a Taiwan

Il complemento d'agente o di causa efficiente è introdotto dalla preposizione ***by***, e può essere omesso quando il complemento è espresso da un soggetto impersonale o indeterminato (***they***, ***you***, ***someone***, ***we***, ***one*** ecc.).

> *These photos have been taken by my boyfriend* – Queste foto sono state fatte dal mio fidanzato
> *Animals must be respected (by us)* – Gli animali devono essere rispettati (da noi)

Nei **tempi semplici** costruiti con un **ausiliare** o un **modale**, ***to be*** è alla forma base (***be***) e segue l'ausiliare o il modale (***will***, ***would***, ***can***, ***must***, ***could***, ***should***, ***may***, ***might*** ecc.).

The missing child will be found soon – Il bambino smarrito sarà presto ritrovato
The building could be inspected – L'edificio potrebbe essere ispezionato
Anyone may be disappointed by a friend – Chiunque può restare deluso da un amico

Nei **tempi composti** di ogni forma verbale al passato il verbo ***to be*** è al participio passato (***been***) e segue l'ausiliare (***have***, ***had***, ***would have***, ***will have***).

She has been cheated by that man – È stata ingannata da quell'uomo
The thief would have never been caught among the crowd – Il ladro non sarebbe mai stato preso in mezzo alla folla
By next month the news will have already been forgotten – Il prossimo mese la notizia sarà già stata dimenticata

Nelle **forme progressive *to be*** è alla forma in *-ing* (*being*) e segue l'ausiliare (***is*** / ***are***, ***was*** / ***were***). Spesso, nella traduzione italiana, non si riesce a rendere la peculiarità del presente progressivo e del passato progressivo rispetto alle forme semplici. In inglese, tuttavia, la differenza tra le due forme è fondamentale poiché quella progressiva pone l'accento sullo svolgimento dell'azione e conferisce, quindi, una sfumatura di significato alla frase.

The letter is written / is being written – La lettera è / viene scritta
The letter was written / was being written – La lettera è stata scritta / veniva scritta

In entrambi i casi, la seconda versione "fotografa" il momento in cui viene scritta la lettera.
Il futuro progressivo e il condizionale progressivo non esistono alla forma passiva; solo il futuro e il condizionale semplice (al presente e al passato) hanno la forma passiva.

The letter will be written / will have been written – La lettera sarà scritta / sarà stata scritta
The letter would be written / would have been written – La lettera sarebbe scritta / sarebbe stata scritta

1.8 | Esercizi

Fill in the blanks with the right word or words.

1 **«Is the blue scarf _____?» - «No, it's _____».**

- A yours, hers
- B your, her
- C yours, her
- D you, she

2 **I'd like _____ juice.**

- A any
- B a
- C an
- D some

3 **We _____ go swimming. We are afraid of water.**

- A always
- B often
- C never
- D just

4 **The teacher is _____ the grammar rule.**

- A explain
- B explaining
- C explains
- D explained

5 **My friends _____ reach the meeting point on time.**

- A could
- B ought
- C have
- D shall

6 **I'm so hungry. I would enjoy _____ some pasta _____ a pizza.**

- A and, and
- B both, and
- C or, either
- D neither, nor

7 **The Ministry of Culture developed _____ strategy.**

- A three year
- B three years
- C a three years
- D a three-year

8 **We have been living in that country house _____ we were children.**

- **A** for
- **B** since
- **C** from
- **D** when

---

9 **Finally, the President added that the following day he _____ the associates to accept the new dispositions.**

- **A** would ask
- **B** asked
- **C** will ask
- **D** was asking

NO A

---

10 **After _____ the child he held him tight in his arms.**

- **A** rebuked
- **B** rebuking
- **C** have rebuked
- **D** to rebuke

---

11 **The chemical found in that river is blamed for _____ fish.**

- **A** to kill
- **B** kill
- **C** killing
- **D** being killed

---

12 **_____ is the bank from the post office?**

- **A** How long
- **B** How far
- **C** Far away
- **D** By far

---

13 **Now that he's left her, why _____ she call him?**

- **A** shall
- **B** may
- **C** could
- **D** should

---

14 **They drank _____ before driving and caused a car accident.**

- **A** a lot
- **B** lot
- **C** very
- **D** a much

---

15 **When the prices of houses reduce _____ one.**

- **A** let buy
- **B** I will buy
- **C** I buy
- **D** be buying

16 **Investors declare they prefer to wait and see _____ on the markets.**

A happening
B what happens
C what happened
D to happen

17 **I wrote _____ articles as he did.**

A as much
B as many as
C as many
D as such

18 **Don't think _____ but _____ before speaking!**

A one, two
B one times, two times
C once, times
D twice, three times

19 **Sunday marked _____ day of my week.**

A the worst
B the worse
C worst
D worse

NO A

20 **Recently the government _____ measures to prevent new terrorist attacks.**

A has taken
B took
C were taking
D had been taking

21 **What _____ tomorrow evening?**

A do you do
B are you doing
C are you going to
D is going to

22 **Good students are usually _____ bad students.**

A as much as
B less than
C fewer than
D the least

NO C

23 **News from the markets _____ encouraging.**

A is
B are
C are being
D were

24 **They don't agree with you. _____.**

- A So do us
- B So do we
- C Neither do us
- D Neither do we

25 **Not everyone _____ the decision.**

- A accepts
- B accept
- C doesn't accept
- D don't accept

26 **Where is _____?**

- A the yesterday newspaper
- B newspaper of yesterday
- C yesterday's newspaper
- D newspaper's yesterday

27 **Good evening. Is there a table free? _____.**

- A We are in four
- B We are four
- C There are four of us
- D Here we are four

28 **How long _____ that book?**

- A are you reading
- B have you been reading
- C have you read
- D do you read

29 **Mr Cole is the man _____ car was stolen yesterday.**

- A whose
- B whom
- C who
- D which

30 **Carry this heavy bag for me, _____?**

- A please
- B will you
- C do you
- D won't you

31 **What _____ you _____ for those children if they _____ by that virus?**

- A would, do, had infected
- B will, do, had been infected
- C would, have done, had been infecting
- D would, have done, had been infected
- E had, done, would have infected

32 **«Your bike looks brand-new!» - «Last week I _____ it _____».**

- **A** have, repaired
- **B** had, repaired
- **C** had, repair
- **D** let, repaired
- **E** got, to be repaired

33 **Mr. Smith was in the boss's office. At that very moment he _____ reprimanded for his negligence. He wished he _____ by that firm.**

- **A** is being, was not employed
- **B** was being, had never been employed
- **C** was, had never been employed
- **D** was, wouldn't be employed
- **E** was being, could never be employed

34 **«Have they _____ accepted your invitation?» - «Yes, it seems that _____ is coming. We are spending the _____ night together».**

- **A** everybody, all, full
- **B** each, all, whole
- **C** all, everybody, every
- **D** all, each, full
- **E** all, everybody, whole

35 **Linda intended _____ an excellent meal but cut _____.**

- **A** making, herself
- **B** to make, –
- **C** to make, herself
- **D** making, oneself
- **E** to make, each other

36 **This time next year I _____ my job in Italy and _____ in Canada.**

- **A** will leave, had worked
- **B** leave, will work
- **C** will have left, will work
- **D** will have left, will be working
- **E** had left, will be working

37 **You _____ bothered! You _____ all these chocolates!**

- **A** should have, needn't have brought
- **B** shouldn't have, didn't need to bring
- **C** wouldn't have, didn't need to bring
- **D** couldn't have, can't have brought
- **E** shouldn't have, needn't have brought

38 **They could neither rely _____ their supplier – who provided them _____ such low quality products – nor spend other money _____ further investments.**

- A on, with, with
- B on, – , for
- C with, with, for
- D on, with, on
- E on, for, on

39 **We were all very disappointed _____ the decision taken.**

- A for
- B on
- C from
- D with
- E in

40 **«You _____ take back what you told Mary. You hurt her» - «I know. I _____ not have said those words».**

- A had better, would rather
- B would better, had rather
- C would better to, would rather
- D had better, would have rather
- E should, would have rather

41 **What an awful day! We saw a dog _____ by its owner; then we heard a man and a woman _____ and saw a house _____.**

- A being beaten, quarrelling, burning
- B beat, quarrel, burning
- C beating, quarrelling, burning
- D beaten, quarrelled, burnt
- E being beaten, quarrelling, burnt

42 **«Our boss is complaining _____ his secretary _____ her unreliability» - «Well, the chairman doesn't really agree _____ him _____ the decision to give her the sack».**

- A to, about, with, for
- B with, for, with, with
- C to, about, with, about
- D to, about, to, about
- E on, at, on, for

43 **The lawyer suggested _____ those papers and kept on _____ that we couldn't avoid _____ those conditions. We admitted _____ right.**

- A us to sign, repeating, to accept, to be
- B that we should sign, repeating, accepting, be
- C that we should sign, repeating, accepting, that he was
- D that we should sign, repeat, accept, to be
- E to sign, to repeat, to accept, being

44 **«What's wrong with Ann? Can you hear her _____ the milkman?» - «Well, he _____ all the bottles in her garden!».**

- **A** shout at, let drop
- **B** shouting at, dropped
- **C** shouting to, dropped
- **D** shout to, dropped
- **E** shouting at, let drop

45 **If John and Margaret _____and started a family, they _____ a career as managers now.**

- **A** hadn't got married, are making
- **B** didn't married, will be making
- **C** didn't marry, were making
- **D** hadn't married, had made
- **E** hadn't got married, would be making

46 **Two weeks ago I saw Brandon driving the car his parents _____ him. He promised he _____ call me the following day.**

NO

- **A** gave, would
- **B** had given, would

B

- **C** had been giving, will
- **D** give, did
- **E** were giving, should

47 **_________ any pets?**

- **A** Have you got
- **B** Haven't you
- **C** You did
- **D** Are you
- **E** You have

48 **Before the use of computers _______, people _______ write with typewriters.**

- **A** spread, had
- **B** spreading, could
- **C** spread, used to
- **D** were spread, are used to
- **E** are spread, used to

49 **Can ________ help me, please?**

- **A** some of
- **B** a person
- **C** anyone
- **D** no
- **E** I

50 **Our friends insist on ________ give up university studies.**

A we must
B us not to
C us for
D we to
E not we

51 **The burglar ________ the police.**

A arrested
B will be arrested
C is arrested from
D was arrested by
E arrested by

52 **Volley-ball is the sport I like ________ .**

A the most
B the better
C better
D fewer
E the latter

53 **My father won't ________ his car.**

A make me drive
B let me drive
C has me to drive
D want me drive
E tell me drive

54 **The ________ book by my favourite writer is quite disappointing.**

A latest
B late
C last
D latter
E least

55 **They looked _____ the matter and finally commented favourably _____ my decision.**

A into, in
NO B into, – D
C at, on
D into, on
E into, about

56 **The teacher suggested _____ more.**

A to study
B us study
C we study
D we to study
E we studying

57 **John listened to his French friend _____ English then congratulated.**

- A spoke
- B speak
- C to speak
- D speaking to
- E is speaking

58 **Given today's difficult political situation, tensions _____.**

- A rose
- B rises
- C is rising
- D are rising
- E were rising

59 **Stocks fall sharply, _____ to news that the Prime Minister plans to resign.**

- A reacting
- B reacted
- C by react
- D is reacting
- E were reacting

60 **The researchers _____ collect the Nobel Prize in Physics in Oslo.**

- A can
- B ought to
- C should
- D must
- E are to

61 **Your grandma _____ very good at cooking.**

- A is said to be
- B says
- C was said
- D said be

62 **My friends _____ faithful to me.**

- A were recently
- B never are
- C have always been
- D have yesterday

63 **Open your book on page 7. Read the passage, look at the pictures _____ and describe them.**

- A below
- B under
- C over
- D down

64 **Not _____ can write in perfect English.**

A someone
B nobody
C anyone
D all

65 **If you need any further information please ask _____.**

A they
B you
C we
D us

66 **The three criminal suspects were stopped _____ driving in the motorway.**

A while
B at
C until
D for

67 **Don't switch the TV on _____ I tell you.**

A to
B as far
C however
D until

68 **No details _____ so far about the military operation.**

A were released
B have been released
C have released
D are released

69 **I _____ studying if I were you.**

A wouldn't neglect
B wouldn't neglect to
C hadn't neglected
D won't neglect

70 **Lions are in danger of _____ by poachers.**

A having killed
B kill
C killing
D being killed

Find the part of the sentence that contains a mistake.

71 **<u>We've just bought</u> <u>the last</u> edition of this dictionary. <u>In two years</u> a new one <u>will be issued</u>.**

A We've just bought
B the last
C In two years
D will be issued

72 **What strange! I was sure I put the pen on the shelf. Did you take it?**

- A What
- B I put
- C on the shelf
- D Did you take

73 **Do you like really the shoes in the shop window? Just go into the shop and try them on, then.**

- A you like really
- B in the shop window
- C Just
- D try them on

74 **«Can you tell me if you have a little free rooms for the weekend?» - «I'm afraid we have no doubles available. But we do have a twin»**

- A Can you tell me
- B a little free rooms
- C no doubles available
- D But we do have

75 **«The air conditioning has been fixed» - «How much do I owe to you?» - «Let's call it one hundred pounds»**

- A has been fixed
- B How much
- C owe to you
- D Let's call it

76 **My mother always told me to take plenty time to sort things out before making up my mind.**

- A told me
- B plenty time
- C sort things out
- D making up my mind

77 **He's got some financial concerns. He should figure out what he can afford before than after.**

- A concerns
- B should figure out
- C can afford
- D than

78 **«What about doing plans for next summer?» - «Sorry, I have to do the washing now. Let's make them later»**

- A doing plans
- B next summer
- C I have to
- D do the washing
- E Let's make them

79 **Don't blame him! I'm sure he will take your advise and won't do it again.**

A Don't blame him
B I'm sure
C take your advise
D he won't do

80 **«Have you made up your mind, at last?» - «Yes, I have. I'm going to buy the blue shirt» - «Didn't you mean buying the red one?»**

A made up your mind
B at last
C I'm going to buy
D you mean buying
E the red one

81 **The deal concluded today covers the commitments that the company will undertake in sell goods to foreign markets.**

A The deal concluded
B covers the commitments
C will undertake
D in sell

82 **«Laura told me she has no more time to read a book» - «Hasn't she? How long is it since she reads a book?»**

A told me
B she has no more time
C How long is it
D she reads

83 **The new manager of the company, who had recently taken over the firm, assured that he would take up the problem of unemployment. Now he intends to take up more employees.**

A had recently taken
B over
C would take up
D to take up

84 **«By this time in two years I will have got my diploma and will be probably working with my father». «Do you really think you will be able to cope the situation?»**

A By this time
B I will have got
C will be probably working
D you will be able to
E cope the situation

85 **The party was so boring last night. If only I had left earlier but I hadn't.**

A so boring
B If only
C had left
D I hadn't

Correct the underlined part of sentence with one of the following solutions.

86 **People are now travelling around the world more then never before.**

- A more than ever
- B more then ever
- C ever more
- D more ever

87 **How do you dare giving such an offensive opinion?**

- A dare to giving
- B give dare
- C dare
- D dare give

88 **I wish I learnt some principles of hydraulics. I could have repaired these pipes by myself!**

- A didn't learn
- B had learnt
- C hadn't learnt
- D could learn

89 **Technology has advanced, so something that has being quite difficult or impossible gets easy.**

- A that has been
- B that have been
- C that have being
- D that isn't

90 **What about go out for a beer? It would break up this boredom.**

- A if go out
- B if going out
- C about going out
- D about to go out

91 **You'd better not to mention what you've done today.**

- A not mentioning
- B mention not
- C not mention
- D don't mention

92 **He feels something is standing on his way and needs our approval.**

- A in his way
- B at his way
- C the way
- D along the way

93 **How long has she restored frescos?**

- A she has restored
- B she has restoring
- C is she restoring
- D has she been restoring
- E did she restore

94 **I wouldn't trust him if I were you. He's <u>many</u> unreliable.**

A enough B quite C fair D any E lot

95 **«I'm going to spend two years in London» - «After spending such a long time in England you <u>will learn perfectly English</u>!».**

A will perfectly learn English

B will have perfectly learnt English

C will have English learnt perfectly

D will have learnt English perfectly

E will have learn English perfectly

96 **My parents have recently bought an old house in the country and are planning to <u>do it in</u>.**

A do it up B do it over C do it out D be done for E do away with it

97 **Someone's taken my dictionary. <u>Who is</u>, could they please give it back to me?**

A Who was

B Whoever took it

C Whoever it is

D Whom it is

E Who has taken it

98 **A big armed robbery was foiled yesterday by the police. The gang had collected more than £500,000 from shops, but they <u>hadn't the time</u> to begin putting their new plan into operation.**

A didn't have no time

B hadn't time

C hadn't any time

D didn't have time

E didn't the time

99 **Annie always acts as though <u>she was the only one who did</u> any work!**

A she were the only one who do

B she is the only one who do

C she were the only one who does

D she was the only one who hadn't

E she were the only one to done

100 **«I don't feel like going and seeing them, tonight!» - «Suppose we rang them and said that <u>we have broken down</u> on the way there!»**

A we had been down

B we have been breaking down

C we were breaking down

D we had been breaking down

E we had broken down

1.9 | Soluzioni e commenti

1 La risposta corretta è la **A**. Le parole mancanti hanno funzione di pronomi possessivi; la seconda persona singolare corrisponde a *yours*, la terza singolare femminile è *hers*.

2 La scelta tra l'articolo e il partitivo che accompagna il nome dipende dal "numero" (singolare o plurale) e dalla qualifica di *countable* o *uncountable* del nome stesso. Il sostantivo *juice* è *uncountable* ed è retto quindi da un partitivo; trattandosi di una frase affermativa, la scelta ricade su *some*. La risposta giusta è la **D**.

3 Tutti e quattro gli avverbi proposti potrebbero completare correttamente la frase, dal punto di vista grammaticale; dal punto di vista logico; tuttavia, poiché nella seconda frase il soggetto dichiara di temere l'acqua, la risposta corretta è *never* **C**.

4 L'ausiliare *to be* regge il verbo alla forma in *-ing* al tempo progressivo: la risposta giusta è quindi la **B**.

5 Le quattro alternative suggeriscono verbi ausiliari; *could* (passato di *can*) è seguito dalla forma base del verbo; *ought* e *have* sono sempre seguiti dall'infinito con il *to*; *shall* è l'ausiliare del futuro alla prima persona singolare e plurale. La risposta giusta è quindi la **A**.

6 La prima frase lascia intendere due possibilità: che il parlante intenda mangiare sia la pasta sia la pizza oppure uno dei due piatti. Certamente si può eliminare la risposta **D**, che esclude entrambe le possibilità contraddicendo così la dichiarazione iniziale. Delle alternative proposte l'unica corretta è la **B**; nella **A** c'è una congiunzione di troppo, nella **C** la posizione dei due elementi è invertita (correttamente: *either... or*).

7 La durata (*three years*) viene qui espressa in forma aggettivale, prima del sostantivo. Quando un sostantivo viene impiegato con funzione di aggettivo perde il "numero", ovvero la forma plurale, e resta al singolare, ed è unito all'aggettivo vero e proprio con un trattino: *three-year*. La risposta giusta è la **D**.

8 Il *present perfect* alla forma progressiva può essere seguito da un'espressione temporale introdotta da *for*, se ci si riferisce alla durata dell'azione, o da *since*, se ci si riferisce al punto di inizio di quell'azione. In questo caso è corretto l'uso di *since*, poiché l'azione ha avuto inzio durante l'infanzia del parlante per continuare nel presente. La risposta giusta è la **B**.

9 La frase principale, retta da un verbo al *simple past* (*added*), è seguita da una subordinata che esprime un'azione futura rispetto a quella espressa al *simple past* (dato il complemento *the following day*). Il futuro nel passato è espresso da un condizionale presente: *would ask*. La risposta giusta è quindi la **A**.

10 Le congiunzioni (*after*, in questo caso) sono seguite da un verbo alla *-ing form*. La risposta giusta è dunque la **B**.

11 Anche le preposizioni, come *for*, sono seguite dal verbo alla forma in *-ing*. La risposta **D**, tuttavia, è un verbo alla forma passiva, e non è corretto all'interno della frase, che termina con un complemento oggetto (*fish*). La risposta giusta è la **C**.

12 "Quanto dista?" si traduce con l'espressione *how far?* La risposta giusta è la **B**.

13 *Shall* (risposta **A**) è l'ausiliare del futuro alla prima persona singolare e alla prima plurale: si può escludere in questo caso poiché il soggetto è *she*. La domanda esprime un dubbio sull'opportunità di chiamare *him*, quindi andrà completata con *should*: *why should she call him?* (perché dovrebbe chiamarlo?). La risposta corretta è la **D**.

14 Dalle alternative proposte si deduce che alla frase manca l'avverbio "molto". Dopo il verbo si può usare *much* oppure *a lot*. Pertanto, la risposta giusta è la **A**. *Very*, risposta **C**, precede solo gli aggettivi.

15 Il periodo ipotetico introdotto da *when* e un verbo al presente sarà facilmente un periodo di primo tipo, dove cioè la proposizione principale è retta da un verbo al futuro, al presente progressivo o all'imperativo. Il *simple present* (risposta **C**) non è il tempo corretto. La risposta giusta è la **B**.

16 Alla frase manca il complemento oggetto "cosa accade", espresso da *what* (pronome interrogativo) *happens* (il tempo presente è coerente con il tempo della frase principale). La risposta giusta è la **B**.

17 Alla frase manca il comparativo di uguaglianza. In presenza di un sostantivo plurale, la scelta cade su *as many* + sostantivo + *as*. La risposta giusta è quindi la **C**. Il secondo termine di paragone è già introdotto da *as* (la **B** è errata); *much* (risposta **A**) si usa nel caso di sostantivi *uncountable* quindi singolari.

18 Per le locuzioni temporali "Una volta", "due volte", "tre volte" ecc. si usa *once* (abbreviazione di *one time*), *twice* (abbreviazione di *two times*), e a seguire *three times*, *four times* ecc. La risposta corretta è la **D**.

19 In questo caso manca il superlativo relativo dell'aggettivo irregolare *bad*: *the worst*. *Worse* (risposte **B** e **D**) è il comparativo di maggioranza, ma in questo caso non c'è una comparazione con un elemento, ma il rapporto con *my week*. La risposta corretta è la **A**.

20 L'avverbio *recently* indica un tempo a cavallo tra il passato e il presente, che viene espresso dal *present perfect*: la risposta giusta è quindi la **A**.

21 Tra i verbi proposti si possono escludere subito *is going to* (risposta **D**), perché non ha un soggetto, e *are you going to* (**C**), perché manca un verbo (*going to* funziona da ausiliare). La domanda deve essere correttamente completata con un futuro, espresso dal *present continuous*, data anche la presenza di un indicatore temporale preciso (*tomorrow evening*). La risposta giusta è la **B**.

22 Anche in questo caso manca la forma corretta del comparativo (la comparazione è tra *good students* e *bad students*). Si escluda il superlativo *the least* (risposta **D**). Il sostantivo *students* è plurale, quindi si escludano *as much* e *less* (risposte **A** e **B**), che accompagnano sostantivi al singolare. La risposta giusta è la **C**.

23 *News* è apparentemente plurale, ma in realtà è un sostantivo *uncountable*, ed è retto quindi da un verbo al singolare: la risposta giusta è quindi la **A**.

24 L'accordo con una frase negativa (espresso in italiano da neanche) si esprime con *neither* + ausiliare della frase (in questo caso *do*) + il pronome personale soggetto poiché *us* è un pronome personale complemento, la risposta giusta è quindi la **D**.

25 Il pronome *everyone* (tutti) è seguito da un verbo al singolare (come tutti gli indefiniti: *someone*, *anyone* ecc.). Di conseguenza, si escludano le risposte **B** e **D**. La negazione è già presente a inizio frase con il *not*, per cui il verbo sarà alla forma affermativa: la risposta giusta è la **A**.

26 La relazione di possesso tra due elementi, di cui uno temporale (*yesterday*), può essere espressa con il genitivo sassone: il giornale di ieri si traduce *yesterday's newspaper*. La risposta giusta è la **C**.

27 La frase che manca traduce "siamo in quattro", espressione che in inglese corrisponde a *there are four of us*. La risposta corretta è dunque la **C**.

28 L'interrogativa introdotta da *how long* ("da quanto tempo") lascia supporre che il verbo debba esprimere la durata di un'azione, non l'attimo in cui viene svolta, quindi che sia coniugato al *present perfect*, cioè alla forma progressiva; la risposta giusta è quindi la **B**.

29 Alla frase manca un pronome che esprime il possesso (il cui, la cui, i cui). In inglese è *whose*: la risposta giusta è pertanto la **A**.

30 *Carry*, che regge la prima parte del testo, è un verbo all'imperativo. Quando si vuole ribadire il concetto (in italiano con "vero?", "vuoi?"), si ripete di solito l'ausiliare del verbo e lo si lascia alla stessa forma (affermativa o negativa), facendolo poi seguire dal soggetto. Nel caso di una richiesta espressa da un imperativo, come in questo caso, l'ausiliare che si utilizza è *will*. La risposta giusta è quindi la **B**.

31 In assenza di verbo nel testo dell'esercizio non è possibile stabilire quale dei tre periodi ipotetici sia quello in esame. Considerata la congiunzione *by* che introduce il complemento d'agente, il verbo della seconda frase sarà alla forma passiva: le risposte **A**, **C** ed **E** sono errate. La risposta **B** è contraddittoria, suggerendo un tempo futuro alla principale e un *past perfect* alla secondaria. La risposta **D** è la sola possibile dato che la prima frase, principale, richiede un condizionale.

32 In questa frase, l'oggetto *bike* ha subito un'azione, e la costruzione "fare + infinito" ha funzione passiva. In inglese si traduce con *to have* seguito dall'oggetto e dal participio passato dell'azione. Le risposte **C**, **D** ed **E** sono sbagliate. Siccome l'azione è accaduta nel passato (*last week*), la risposta esatta è la **B**.

33 *Reprimanded* suggerisce il tempo passato (dato il *was* della prima frase): si può quindi escludere la risposta **A**. *At that very moment* suggerisce la forma progressiva del verbo: le risposte **C** e **D** sono quindi sbagliate. Infine, *to wish* vuole il verbo al p*ast perfect* se l'azione è accaduta nel passato: la risposta corretta è la **B**.

34 Nei primi due spazi mancano i pronomi indefiniti. Nella prima frase, il pronome personale non può essere che *all*. Le risposte **A** e **B** sono quindi errate (*each* significa ogni, ciascuno). Nella seconda frase, il pronome indefinito è soggetto (*everybody/everyone*). Infine, nella terza frase si intende l'intera nottata. *Intero*, nome o aggettivo, si traduce *whole*. La risposta corretta è la **E**.

35 Il verbo *to intend* è seguito dall'infinito quando significa avere l'intenzione di, e dal gerundio quando significa voler dire: in questa frase è usato con il primo significato, quindi sono da escludere le risposte **A** e **D**. Il verbo *to cut* è riflessivo ed è pertanto seguito dal pronome riferito al soggetto: *herself*. La risposta corretta è la **C**.

36 I futuri impiegati nelle due frasi hanno un significato diverso. Nella prima frase, il parlante discute di un'azione che a quest'ora l'anno prossimo avrà già compiuto, per cui ne seguirà un'altra (considerato che i due luoghi dell'azione sono ben distanti l'uno dall'altro). Le risposte **A**, **B** ed **E** sono errate. Nella seconda frase, il parlante mette in evidenza quello che starà facendo in quel dato momento, e la scelta di un verbo alla forma progressiva del futuro è la più adeguata. La risposta corretta è la **D**.

37 Il participio passato di *to bother* (disturbarsi) indica che un'azione è stata compiuta o sarebbe dovuta accadere; il riferimento è alla decisione di portare dei cioccolatini, come scritto nella seconda frase. Il condizionale passato di *dovere*, quando si intende dare un suggerimento o un consiglio, si costruisce con l'ausiliare *should*: si possono dunque escludere le risposte **C** e **D**. La **A** riporta un verbo alla forma affermativa (tradotto: *ti saresti dovuto disturbare*), grammaticalmente corretto, ma in contraddizione con le regole della buona educazione. La risposta giusta è quindi la **E**, dove concordano le due espressioni: non ti saresti dovuto disturbare e non avresti dovuto portare.

38 Si dice: *to rely on someone; to provide with something; to spend money on something*. La risposta corretta è la D.

39 Essere delusi da qualcuno/qualcosa si dice *to be disappointed with someone/something;* in alternativa si usano anche le preposizioni *at/by*. La risposta corretta è quindi la D.

40 Il parlante mette in guardia l'interlocutore e gli dà un suggerimento: *should* non è sbagliato (risposta E), ma per tradurre *fare meglio a* si usa anche l'espressione *had better* seguita dalla base del verbo (risposte B e C sono errate). Per tradurre preferirei/vorrei, oppure, al passato, avrei voluto/preferito si usa *would rather* (che traduce il condizionale di *prefer*), seguito da *not have* + participio passato. La risposta esatta è la A.

41 Le frasi ruotano intorno ai verbi di percezione: *saw, heard, saw*. Dal momento che nulla suggerisce che le azioni siano state percepite dall'inizio alla fine o mentre si svolgevano, bisogna optare per la risposta che propone coerenza tra i tempi e le forme verbali. Le risposte B ed E non sono coerenti. Nella prima frase il cane subisce un'azione, mentre nelle altre due sono i soggetti espressi che la compiono. Soltanto il primo verbo è, quindi, alla forma passiva: le risposte C e D sono errate, mentre quella corretta è la A.

42 La costruzione del verbo *to complain* è: *to complain to someone about something*. Si possono scartare le soluzioni B ed E. Inoltre, si dice *to agree with someone about something*, o *to agree on something*. La risposta corretta è la C.

43 Il verbo *to suggest* è seguito da una frase oggettiva introdotta da *that* e con un verbo preceduto dall'ausiliare *should*. Si considerino le risposte B, C e D: i verbi *to keep on* e *to avoid* sono seguiti dal gerundio: restano B e C. Infine, dopo il verbo *to admit* può esserci o un gerundio o una frase oggettiva introdotta da *that*. La risposta corretta è la C.

44 I verbi di percezione, in questo caso *to hear*, sono seguiti dall'infinito senza il *to* quando l'azione è percepita dall'inizio alla fine, o dal gerundio in caso contrario. Data la domanda al presente (*Can you...?*) si può supporre che l'azione compiuta da Ann si stia ancora svolgendo: tale considerazione consente di escludere le risposte A e D. *To shout to* significa urlare, parlare ad alta voce, mentre *to shout at* significa sgridare, rimproverare, urlare contro qualcuno. In questo caso è usato con questo secondo significato: si può quindi scartare anche la risposta C. Il verbo *far cadere* si traduce semplicemente *to drop* (qui al passato perché l'azione si è verificata prima dell'urlo), quindi la risposta corretta è la B.

45 L'elemento della frase che facilita la scelta dell'alternativa corretta è *now*, adesso, che suggerisce una forma progressiva del verbo. Si può escludere la risposta A. *Sposarsi* si traduce *to get married*, mentre *to marry* significa sposare qualcuno ed è seguito da un complemento oggetto. Si escluda la risposta B. La risposta corretta è la E, perché propone la forma progressiva del condizionale presente in un periodo ipotetico di terzo tipo.

46 La prima frase è al *simple past*; quindi, qualsiasi azione accaduta prima di quel momento deve essere espressa al *past perfect*: si possono escludere pertanto le risposte A, D ed E. Nella seconda frase, l'azione dovrà accadere in un momento successivo rispetto a quello della prima frase: il tempo verbale è un *future in the past*, che corrisponde a un condizionale presente. La risposta corretta è la B.

47 Alla forma interrogativa, il verbo *to have* si può costruire con la semplice inversione di soggetto e verbo (*Have you*) seguito o meno da *got*, oppure con l'ausiliare *do/did*. In questo caso, l'unica alternativa corretta è la A.

48 Il verbo *to spread* (diffondersi) non cambia ortografia al tempo passato e resta scritto *spread*; si considerino valide solo le alternative A e C. Per esprimere abitudine al tempo passato si possono usare le forme *used to* + verbo (come anche *to be used to* + *-ing form*, ricordando di coniugare il verbo *to be* al passato) oppure *would* + verbo; quindi, la risposta corretta al quesito è la C.

---

49 Alla domanda manca un soggetto, da esprimersi con un nome oppure un pronome personale. Tra i pronomi suggeriti, è corretto solo *anyone*, risposta C. *Some of* dovrebbe essere seguito da un sostantivo; nelle interrogative, qualcuno si dice *anyone*, non *a person*; *I* non dà senso alla frase.

---

50 Nella frase il congiuntivo si esprime con il pronome personale complemento seguito dall'infinito (alla forma affermativa o negativa), pertanto *us not to*: i nostri amici insistono affinché noi non lasciamo gli studi universitari. La risposta giusta è la B.

---

51 Il verbo che completa la frase dovrà essere alla forma passiva, poiché il soggetto è il rapinatore, il verbo è *to arrest* e il complemento d'agente è la polizia. Quest'ultimo dovrà essere preceduto da *by*, che introduce il complemento d'agente, per cui la risposta esatta è la D, *was arrested by*.

---

52 Per esprimere un superlativo assoluto di un verbo (mi piace di più/di meno) si possono usare *the most* o *the least*; ma è corretto anche *best*. La risposta al quesito è quindi la A. *The latter* significa il secondo di due elementi già nominati, ovvero l'ultimo.

---

53 Far fare qualcosa a qualcuno, con il significato implicito di dare il permesso a qualcuno di fare qualcosa, si traduce *to let* + pronome personale/nome + verbo senza *to*. La risposta esatta è la B.

---

54 L'ultimo in ordine temporale, ma non per questo l'ultimo in termini assoluti (cioè *last*), si traduce *the latest*. *Late* vuol dire tardi (risposta B); *latter* vuol dire secondo di due elementi (risposta D); *the least* (risposta E) vuol dire minore, meno. La risposta giusta è la A.

---

55 Esaminare una questione si dice *to look into*: la risposta C è sbagliata. Il verbo *to comment* è seguito da *on*: A, B ed E sono sbagliate. La risposta corretta è la D.

---

56 Il verbo *to suggest* può essere seguito da un verbo alla *-ing form* oppure da *that* + pronome personale soggetto + (*should*) + verbo senza *to*; *that* può essere omesso. Tra le alternative date quella da scegliere è quindi la C.

---

57 I verbi di percezione come *to hear, to listen, to see* ecc. sono seguiti da un verbo alla *-ing form* se l'azione percepita è in fase di svolgimento, oppure da infinito senza *to* se l'azione è percepita dall'inizio alla fine. In questo caso, poiché John si è poi congratulato, si può dedurre che abbia ascoltato l'intero discorso fino alla fine, quindi la risposta giusta è B, *speak*.

---

58 *Today*, nella prima frase, fa riferimento al tempo presente (considerata la difficile situazione politica attuale); pertanto, nella seconda frase il verbo esprimerà un tempo presente. *Tensions* è plurale, quindi la risposta esatta è la D, *are rising*.

---

59 La parola che manca significa "in reazione a", "reagendo a". La scelta ricadrà sulla risposta A, *reacting*. Un'alternativa è la locuzione *in reaction to*.

---

60 La frase esprime un'azione da compiere secondo modalità programmate e ufficiali. In tali situazioni, il verbo dovere si esprime con *to be to*. La risposta esatta è quindi la E, *are to*.

---

61 Le alternative chiedono di distinguere tra la forma attiva e la forma passiva del verbo *to say*. Alla forma attiva, il verbo *to say* dovrebbe essere seguito da un infinito o da una frase dichiarativa introdotta da *that* (oppure direttamente da un pronome soggetto o da un nome: *Mary says she is very good at cooking*). L'unica alternativa possibile è la A, dove il verbo è alla forma passiva (is said...) ed è seguito dal verbo *to be* all'infinito che traduce il nostro congiuntivo (che sia) e che regge l'aggettivo che segue (*very good*).

62 Per completare correttamente la frase bisogna prestare attenzione agli avverbi. *Never* e *always* possono accompagnare il *present perfect* perché non collocano l'azione in un momento preciso; al tempo presente, *never* e *always* seguono il verbo (al contrario di quanto espresso nell'alternativa B); *recently* accompagna il *present perfect*; *yesterday* colloca l'azione al passato. L'aggettivo *faithful* dovrà essere retto dal verbo *to be*, quindi la risposta corretta è la C.

63 *Below, under, down* esprimono una posizione sottostante a qualcosa; *over* vuol dire sopra ma senza contatto. Poiché si fa riferimento alla disposizione di immagini/testi all'interno di una pagina di un libro, si userà *below*. La risposta giusta è quindi la A.

64 La frase può essere tradotta così: non tutti sanno scrivere in perfetto inglese. Non tutti si può dire *not everyone* oppure *not anyone* (con il significato più sottile di non chiunque). La risposta corretta è quindi la C.

65 Il verbo *ask* dovrà essere seguito da un pronome personale complemento: *me, you, her/him, us, you, them*. L'alternativa B non avrebbe senso, poiché il soggetto inviterebbe tu (o voi) a rivolgersi a te (o voi). La risposta giusta è quindi la D.

66 I tre sospetti criminali sono stati fermati mentre guidavano; mentre, seguito da un verbo alla *-ing form*, si traduce *while*. La risposta corretta è la A.

67 Tra le alternative date, la sola che completa correttamente la frase è *until*, che significa finché, fino a quando. *To* introduce una frase finale e un verbo all'infinito, *as far as* vuol dire fino a (in termini spaziali), *however* vuol dire tuttavia. La risposta giusta è la D.

68 Il verbo *to release* vuol dire rilasciare; all'interno della frase deve essere coniugato alla forma passiva: non sono stati rilasciati dettagli. Si eslcuda l'alternativa C, alla forma attiva. *So far* vuol dire sinora e di solito regge un verbo al *present perfect*. La risposta al quesito è pertanto la B.

69 Il testo dell'esercizio è un periodo ipotetico di secondo tipo, infatti la subordinata introdotta da *if* è retta da un *past perfect* (*were*). La frase principale sarà quindi retta da un *present conditional*: *wouldn't neglect*. Il verbo *neglect* è seguito da un verbo alla forma in *-ing*, pertanto la risposta giusta è la A.

70 Le preposizioni sono seguite da un verbo alla forma in *-ing*: si escluda l'alternativa B. I leoni subiscono l'azione di essere uccisi dai bracconieri, pertanto il verbo sarà alla forma passiva: *being killed*. La risposta esatta è la D.

71 Il *present perfect* è corretto: è spesso associato a *just*, e in questo caso il tempo presente è giustificato dalla seconda frase, che continua al futuro. *The last* significa *l'ultima* in modo definitivo; poiché viene specificato che tra due anni uscirà un'edizione nuova, si suppone che ultimo significhi più recente, quindi *the latest*. La risposta giusta è quindi la B. *In two years* (risposta C) significa tra due anni, *will be issued* (risposta D) è il futuro passivo del verbo *to issue*, pubblicare.

72 L'errore è contenuto proprio all'inizio della frase. Per esprimere un'esclamazione si usa *what a* + sostantivo singolare, *what* + sostantivo plurale e *how* + aggettivo; in questo caso, poiché *strange* è aggettivo, la risposta giusta è la A; la versione corretta è *How strange*. *To put* (risposta B) resta invariato al passato; *on the shelf* (risposta C) e *did you like* (risposta D) non contengono errori.

73 L'avverbio *really* dovrebbe precedere il verbo *like*: *do you really like*. La risposta al quesito è quindi la A. *In the shop window* (risposta B) è corretto; *just* precede tipicamente l'imperativo con funzione esortativa (risposta C); *to try on* significa provare, indossare.

74 L'inversione soggetto-verbo con *can* è corretta nell'interrogativa (risposta **A**). Il sostantivo *rooms* è al plurale e può essere preceduto solo dal partitivo *some* (usato anche con sostantivi singolari) o *a few*; poiché la frase è un'interrogativa, la scelta ricade però su *any* (*any free rooms*): la risposta giusta è quindi **B**. *No* può precedere un sostantivo con il significato di *nessuno* (aggettivo; risposta **C**). L'ausiliare del verbo (*do*, risposta **D**) può essere premesso anche nelle frasi affermative per dare maggiore enfasi al verbo.

75 *Has been fixed* (risposta **A**) significa *è stata riparata*; la scelta del *present perfect* è corretta. *How much* (risposta **B**) è l'interrogativo per chiedere quanto (denaro). Il verbo *to owe* significa *dovere, dare per sdebitarsi*, ma non è seguito da preposizioni, solo dal pronome personale: dunque la forma corretta sarebbe *how much do I owe you?*. La risposta al quesito è la **C**. *Let's call it* (risposta **D**) è una forma colloquiale per dire facciamo, diciamo.

76 In questo caso l'errore sta nell'uso di *plenty*, parola seguita da *of* + sostantivo (*plenty of time*), in quanto non è un aggettivo bensì un sostantivo. La risposta corretta è la **B**. *To sort things out* (risposta **C**) e *to make up one's mind* (risposta **D**) sono espressioni di uso comune.

77 *Concerns* (risposta **A**) significa *worries, preoccupazioni*. *Should* precede il verbo (risposta **B**) quando si vuole esprimere un consiglio, ed è corretto; anche *can afford* (risposta **C**) lo è. L'errore sta nell'uso di *than*: se si vogliono mettere a confronto due elementi, con espressioni che traducono *piuttosto che/invece di*, *than* deve essere preceduto da *rather*. La risposta giusta è quindi la **D**.

78 L'uso dei tempi e dei modi verbali è esatto in tutta la frase. Si tratta di capire se vengono utilizzati modi di dire non corretti. *Fare piani, progettare* si dice *to make plans*, e non *to do plans*, quindi la risposta corretta è la **A**.

79 L'imperativo della prima frase (risposta **A**) è stato costruito correttamente e il verbo *to blame* traduce letteralmente *biasimare*. Il verbo di opinione *to be sure* precede un verbo al simple future, quando il parlante si riferisce a ciò che accadrà in futuro, e l'ausiliare da usare è quindi *won't*. L'espressione *to take one's advise* è scorretta dal punto di vista ortografico: *advise* è il verbo, mentre *advice* è il sostantivo (*to take one's advice*: seguire il consiglio di qualcuno) corretto. La risposta esatta è la **C**.

80 *To make up one's mind* significa *decidersi* e l'uso del *present perfect* è corretto poiché la scelta della persona ha un effetto sul presente: si può quindi escludere la risposta **A**. *Finalmente* si traduce *at last* quando il parlante esprime contentezza dopo una lunga attesa: anche la risposta **B** è corretta. Il futuro intenzionale (risposta **C**) si usa per significare la ferma volontà di fare qualcosa, e *one* (risposta **E**) vale come pronome quando si preferisce non ripetere il sostantivo. La risposta corretta è la **D**, dato che il verbo *to mean* è seguito dal gerundio quando vuol dire significare: nella frase in questione, invece, è usato con il significato di *avere intenzione di* e deve essere seguito da un infinito.

81 L'uso dei verbi e le forme verbali sono corretti nelle risposte **A**, **B** e **C**. L'errore è presente nella scelta di un infinito senza il *to* (invece della forma in *-ing*) dopo la preposizione *in*. La risposta corretta è la **D**.

82 Nella battuta del primo interlocutore la scelta dei tempi verbali è corretta: la frase è impostata al passato, ma l'azione di Laura è comunque presente: le risposte **A** e **B** sono corrette. *How long* traduce da quanto tempo (anche la risposta **C** è corretta) e in questo caso, in cui l'espressione significa *da quanto tempo è che …?*, il soggetto impersonale è seguito da *since*; il verbo che segue *since* è al *present perfect*, perché è riferito a un'azione presente: *how long is it since she has read …?* La risposta corretta è la **D**.

83 Il tempo della frase è il passato e, rispetto al momento dell'enunciato, la guida (*to take over*) della società è già stata assunta (quindi il verbo è al *past perfect*). Il direttore avrebbe considerato (*would take up*) la questione in futuro: in inglese il futuro nel passato viene reso con un condizionale presente. Infine, avere intezione di (*to intend*) è seguito dall'infinito. La risposta corretta è la **D**: assumere si traduce *to take on*, non *to take up*.

84 *A quest'ora* può essere tradotto *this time* o *by this time*: la risposta **A** è dunque da escludere. Considerato il significato della frase, il diploma sarà stato ottenuto (*future perfect*) tra due anni, e la persona starà lavorando (*future continuous*): anche le risposte **B** e **C** sono da escludere. Quando il verbo d'opinione *to think* anticipa un'azione futura, il verbo che la esprime è al futuro semplice (*will*). La risposta che contiene l'errore è quindi la **E**: *affrontare, far fronte a* si traduce *to cope* o, se seguito da un complemento oggetto, *to cope with something* (*Do you think you will be able to cope with the situation?*).

85 *So* (così) può accompagnare un aggettivo: la risposta **A** è dunque da escludere. I verbi che seguono *if only* si coniugano come quelli che seguono *to wish*: nella frase viene espresso il desiderio di avere compiuto una certa azione nel passato, quindi non più realizzabile, e il tempo verbale è il *past perfect*: si possono dunque escludere anche le risposte **B** e **C**. La parte che contiene l'errore è quella riportata nella risposta **D**, perché in questo caso il verbo ausiliare si riferisce a ciò che è realmente accaduto in quel momento: il tempo da usare è il *simple past*, coerentemente con la prima frase (*if only I had left earlier but I didn't*).

86 L'espressione sottolineata è un comparativo (più che mai), quindi il secondo termine deve essere introdotto da *than*: more than; inoltre, in questa espressione mai si traduce *ever*, senza la *n*- iniziale. La risposta giusta è quindi la **A**.

87 *To dare* è a volte considerato un verbo modale o verbo ausiliare; accompagna l'infinito con o senza il *to*, quindi *dare (to) give*: la risposta giusta è dunque la **D**.

88 *To wish* è seguito da un verbo al *simple past* (o *could* + base) per indicare un desiderio per il tempo presente (*I wish I learnt/could learn*: vorrei imparare/poter imparare). Poiché nella seconda frase dell'esercizio c'è un condizionale passato (*could have repaired*), si può dedurre che il parlante desideri aver appreso in passato, quindi *I wish I had learnt* (vorrei aver imparato). La risposta giusta è la **B**. La forma negativa del verbo non è logica in questo contesto (se avessi imparato, avrei potuto riparare; non: se non avessi imparato, avrei potuto riparare).

89 *Has being* non esiste; può esistere *has been*, o *is being*, oppure, poiché si tratta del verbo che per eccellenza indica stato, condizione, semplicemente *is*. Si escluda la risposta **C**. Il soggetto della frase (*something*) è una terza persona singolare; quindi si escluda la risposta **B**. Qualcosa che diventa facile (*gets easy*) è stato difficile in passato: si scelga quindi la forma affermativa e non negativa (risposta **D**). La risposta giusta è la **A**, anche perché la difficoltà o impossibilità di *something* sembra aver avuto una durata fino a ora, momento in cui *something* diventa facile; questo giustifica la scelta del *present perfect has been*.

90 La proposta si formula con un'interrogativa introdotta da *what about* + verbo alla *-ing form* oppure *what if* + pronome personale soggetto + verbo al *simple past*. La risposta corretta non può che essere la **C**.

91 L'espressione *had better* è seguita dall'infinito senza il *to*, ragione per cui, se tale infinito deve essere alla forma negativa, basterà *not*. La risposta giusta è la **C**.

92 L'espressione idiomatica fissa è *in his way*, sul suo cammino. La risposta giusta è quindi la **A**.

93 *How long* (da quanto tempo) anticipa la richiesta della durata dell'azione. Quindi, se è implicata una durata, la forma verbale opportuna è quella progressiva. Il verbo *to restore* deve quindi essere coniugato al *present perfect*, ma alla forma progressiva o *duration form*; l'interrogativa, infine, richiede l'inversione tra soggetto e verbo: la risposta corretta è la D.

94 *Enough* significa abbastanza, ma segue l'aggettivo e può precedere solo il sostantivo: si può quindi escludere la risposta A. *Fair* significa *giusto, onesto*: si può quindi escludere la risposta C. L'avverbio che rafforza il significato dell'aggettivo *unreliable* è *quite*: la risposta corretta è la B.

95 Il significato della seconda frase ruota attorno all'avverbio *after* (dopo), che colloca nel tempo l'azione (*to spend*). L'apprendimento dell'inglese, quindi, sarà stato compiuto a seguito del soggiorno di due anni a Londra. Il tempo verbale sarà un *future perfect* o futuro anteriore, cioè *will have* seguito dal participio passato del verbo *to learn*: si può scartare la risposta A. Anche la E è errata, perché il participio di *to learn* è *learnt* (British English) o *learned* (American English). La posizione dell'avverbio *perfectly*, che mette in evidenza la qualità dell'apprendimento, è alla fine della frase: la risposta corretta è la D.

96 *To do* seguito da varie preposizioni rientra tra i *phrasal verbs* più comuni. *To do in* significa *assassinare, uccidere*; *to do up* significa *ristrutturare*; *to do over* significa *frugare, rubare, mettere sottosopra*, *to do out* significa *tener fuori, escludere*; *to be done for* significa *essere in pericolo*; *to do away with* significa *eliminare*. Chiaramente, la soluzione più appropriata al caso è la A.

97 La persona indagata è "chi", pronome personale soggetto, o meglio "chiunque", *whoever*. La risposta corretta è la B, perché il *simple past* (*took*) è giustificato dal fatto che l'azione è comunque passata.

98 Il tempo del secondo periodo è il passato, ma l'azione espressa nella seconda frase avviene in un momento successivo a quella della prima frase: il tempo verbale è un *simple past*. La forma negativa del verbo *to have* al *simple past* si costruisce con l'ausiliare *did*. *Avere tempo* si traduce *to have time*, che alla forma negativa al *simple past* corrisponde alla risposta D.

99 *As though* significa *if*, congiunzione che, in questo caso, anticipa l'ipotesi che Annie sia la sola a lavorare in genere (quando un'affermazione esprime una realtà, il verbo è al *simple present*). Ora, nel periodo ipotetico di secondo tipo, il *simple past* del verbo *to be* è preferibilmente *were* per tutte le persone. Il secondo verbo dovrà essere coniugato in modo da significare una realtà presente o passata: l'unica alternativa corretta è la C.

100 Il tempo verbale da scegliere è in relazione al tempo in cui sono coniugati gli altri verbi della frase: il *simple past* (*rang* e *said*). Se la telefonata è successiva al momento del guasto, quest'ultima azione deve essere espressa con un *past perfect*. Si considerino le risposte D ed E. Inoltre, rompersi o guastarsi non è un'azione progressiva: la riposta corretta è la E.

2 | Sintassi

La sintassi studia il rapporto tra le parti del discorso all'interno di una frase o di un periodo; pertanto, affrontare un test di livello intermedio-avanzato sulla lingua inglese significa conoscere la complessità delle relazioni esistenti tra preposizioni e parti variabili del discorso, la corretta collocazione dei complementi, l'uso dei tempi e dei modi verbali e così via. Del resto, già nel capitolo precedente si è potuto notare quanto morfologia e sintassi siano inevitabilmente correlate.

Gli esercizi sulla sintassi possono consistere nel completamento di una frase con le forme verbali e i complementi corretti oppure anche in test sugli *idioms*, ovvero espressioni idiomatiche non traducibili letteralmente e per la cui comprensione spesso è necessario uno studio mnemonico.

In questo capitolo sono quindi proposti esercizi di completamento di frasi (*fill in the blanks*) o che chiedono di individuare il corretto significato della parte sottolineata della frase o della frase intera (riconoscendo o il sinonimo della parola o la definizione dell'espressione).

2.1 | Regole principali

Esistono poche regole di base per costruire correttamente una frase o un periodo in inglese. Il principio da seguire è la semplicità, applicando il classico ordine **complemento di tempo o di luogo + soggetto + verbo + complemento oggetto e/o indiretto** a seconda dei casi.

> *In 1999 the two brothers founded the company with three mates of theirs* – Nel 1989 i due fratelli hanno fondato la società con tre loro amici

Il **soggetto** è la parte del discorso che non può essere omessa se non in caso di una proposizione che segue un'altra con lo stesso soggetto e coordinata dalle congiunzioni *and* e *but*; anche una proposizione all'Imperativo è priva di soggetto.

> *Take that bag and go to the supermarket* – Prendi quella borsa e vai al supermercato
> *The Taylors wake up at 7.30 a.m., have breakfast and then go to work* – I Taylor si alzano alle 7.30, fanno colazione e vanno al lavoro

I soggetti personali vanno preferiti alle costruzioni impersonali (come per esempio: ***it*** + verbo ***to be*** + aggettivo + ***that*** + frase; oppure ***it*** + verbo + ***that*** + frase), quando possibile.

> Costruzione **impersonale:**
> *It is definite that they will agree with our plan* – È sicuro che approveranno il nostro piano
> Costruzione **personale** (preferibile):
> *They will definitely agree with our plan* – Approveranno sicuramente il nostro piano

Quando in italiano il soggetto di una frase è l'infinito di un verbo (sostantivato), in inglese è opportuno tradurlo con un infinito piuttosto che con un gerundio alla forma in ***-ing***.

> *To travel / Travelling is very expensive* – Viaggiare è molto costoso

La **forma attiva** è preferibile a quella passiva, sebbene quest'ultima ponga maggiore enfasi sul soggetto della frase.

> Forma **attiva**: *Mark gave me a present for my birthday* – Mark mi ha fatto un regalo per il compleanno
> Forma **passiva**: *I was given a present for my birthday by Mark* – Ho ricevuto un regalo da Mark per il mio compleanno (frase intraducibile in italiano se non cambiando verbo)

Nel caso in cui il soggetto sia indefinito, è chiaramente più opportuna la scelta della forma passiva.

> *The first skyscrapers were built at the beginning of the century* – I primi grattacieli sono stati costruiti all'inizio del secolo

2.1.1 | Forma personale e impersonale

Esistono verbi che ammettono sia una costruzione **personale** (soggetto + verbo + infinito) sia una costruzione **impersonale** (***it*** + verbo + una frase oggettiva introdotta da ***that*** / ***to***). Tali verbi sono: ***to seem*** (sembrare), ***to appear*** (apparire), ***to happen*** (succedere), ***to occur*** (accadere), ***to matter*** (importare).

> *He seems to have won a journey / It seems that he has won a journey* – Sembra che abbia vinto un viaggio
> *She happened to find a 100 pound note / It happened that she found a 100 pound note* – Le è capitato di trovare una banconota da 100 sterline
> *He seems to be saving money / It seems that he is saving money* – Pare che stia facendo economie

2.2 | Genitivo sassone (*Possessive case*)

Il genitivo sassone è la caratteristica espressione del possesso nella lingua inglese. Si costruisce nel seguente modo:

- possessore + *'s* + cosa posseduta;

> *James's sister is very pretty* – La sorella di James è molto carina
> *My friend's car is powerful* – La macchina del mio amico è potente

- i sostantivi plurali terminanti in ***-s*** sono seguiti solo dall'apostrofo;

> *The tourists' luggage got lost* – I bagagli dei turisti sono stati smarriti

- se due o più possessori condividono il possesso della cosa, si aggiunge ***'s*** dopo il nome dell'ultimo possessore dell'elenco; quando il possesso non è condiviso, si aggiunge ***'s*** a ciascun nome;

> *Neil and Susy's parents got married at the age of 18 years* – I genitori di Neil e Susy si sono sposati a 18 anni.
> *Neil's and Susy's bedrooms are on the second floor* – La camera da letto di Neil e quella di Susy sono al secondo piano

- se il termine di possesso è preceduto da articoli o aggettivi indefiniti o dimostrativi, si usa *of*, ma rimane anche *'s*

> *A friend of my sister's* – Un amico di mia sorella

Si ricorda che:

- il genitivo sassone esprime anche un rapporto di specificazione in presenza di nomi di nazioni o città, espressioni di tempo, distanza e peso;

  Italy's best known artist is Leonardo da Vinci – L'artista più conosciuto d'Italia è Leonardo da Vinci
  Yesterday's news were bad – Le notizie di ieri erano cattive

- non si può usare la forma del genitivo sassone se il referente è espresso con un aggettivo sostantivato o se è seguito da una relativa;

  The father of the boy that phoned teaches Mathematics at University – Il padre del ragazzo che ha telefonato insegna matematica all'università
  The troubles of the poor – I guai dei poveri

- il doppio genitivo è la costruzione grammaticale che traduce la struttura italiana: determinante (articolo indeterminativo, aggettivo numerale, indefinito, partitivo, dimostrativo) + aggettivo possessivo; questo argomento è già stato trattato nel paragrafo sugli aggettivi e pronomi possessivi.

  That is a good fellow of theirs – Quello è un loro buon amico
  Mr Taylor said that only few students of his passed the exams – Mr Taylor ha detto che solo pochi suoi studenti hanno passato gli esami

2.3 | Frasi subordinate

L'inglese è una lingua diretta e sintetica; la ridotta diversificazione della flessione verbale e nominale non può supportare periodi complessi e ricchi di proposizioni dipendenti, che comporterebbero forti ambiguità.

Dunque in inglese è meglio esprimere concetti formulando più frasi, separandole con un punto o da un punto e virgola, e possibilmente collegandole tra loro in modo logico, con le opportune congiunzioni.

> *Fred and Willie met in 2008. At that time they made a promise and decided never to break off friendship. That is the reason why they spent five years together at high school and, after that, found a job in the same company. Then, they both got married and decided to buy two large houses one opposite the other. However, their lives were inevitably different and in the end Fred moved to another town because of the new job he had found* – Fred e Willie si sono conosciuti nel 2008, anno in cui si scambiarono una promessa e decisero di non rompere mai la loro amicizia. Ecco perché trascorsero cinque anni insieme alla scuola superiore e, in seguito, trovarono lavoro nella stessa società. Si sposarono entrambi e decisero di comprare due grandi case una di fronte all'altra. Tuttavia, le loro vite si fecero inevitabilmente diverse, e alla fine Fred si trasferì in un'altra città per via del nuovo lavoro che aveva trovato

Le espressioni, gli avverbi o le locuzioni avverbiali di tempo e di luogo di solito vanno posti all'inizio della frase, immediatamente prima del soggetto, oppure alla fine.

> *In April 2009 a sudden earthquake caused serious damage in Abruzzo* – Nell'aprile del 2009 un improvviso terremoto causò gravi danni in Abruzzo

2.4 | Punteggiatura

I segni di interpunzione trovano un uso piuttosto ridotto all'interno di una frase in inglese. La frequenza con cui si ricorre alle virgole, per esempio, risulta più limitata rispetto all'italiano, dal momento che nella lingua inglese scritta si preferisce interrompere un periodo con un punto o un punto e virgola.

2.4.1 | Apostrofo

In inglese, l'apostrofo (*apostrophe*) si usa soltanto:

- **nelle forme verbali contratte**: ***can't*** per ***cannot***, ***it's*** per ***it has***, ***I'd*** per ***I would***, ***I had***;

    They've already finished their homework – Hanno già finito i compiti

- **per indicare il plurale di lettere, anni e acronimi**: ***B's***, ***1950's***, ***CD's*** (si possono accettare anche ***Bs***, ***1950s***, ***CDs***);

    During the 1970's the rise in oil prices brought about a world wide economic crisis – Negli anni Settanta l'aumento dei prezzi del petrolio causò una crisi economica mondiale

- **nel genitivo sassone**.

    My husband's car is on sale – La macchina di mio marito è in vendita

2.4.2 | Virgola

La virgola (*comma*) **non** si usa:

- **nel discorso indiretto** prima delle parole ***that*** (che), ***what*** (cosa), ***where*** (dove), ***when*** (quando), ***if*** (se), ***who*** (chi);

    The lawyer stated that his client was innocent – L'avvocato affermò che il suo cliente era innocente

- **dopo i verbi di opinione** *to think* (pensare), *to believe* (credere), *to suppose* (supporre);

    I think that she has got that job – Penso che abbia ottenuto il posto

- **prima delle identifying relative clauses**, perché la frase relativa è necessaria per dare significato al soggetto;

    The sea that separates Europe from America is the Atlantic Ocean – Il mare che separa l'Europa dall'America è l'Oceano Atlantico

- **tra due frasi grammaticalmente indipendenti**.

    I apologize for what I said. I realize I was wrong – Mi scuso per quello che ho detto. Mi rendo conto di aver sbagliato

2.4.3 | Punto e virgola

Come il punto (*full-stop*), il punto e virgola (*semi-colon*) separa due frasi indipendenti dal punto di vista sintattico ma connesse nel significato.

> *Your remarks are always so illogical; you should stop to think before speaking* – Le tue osservazioni sono sempre così illogiche; dovresti fermarti a pensare prima di parlare

2.4.4 | Due punti

Come per l'italiano, i due punti (*colon*) si usano prima di spiegazioni, elenchi, citazioni ecc.

> *Today I had time to do lots of things: I got up later than usual, then went out, did shopping, spent a few hours studying in the library, met my friends and did jogging before having supper with some colleagues late in the evening* – Oggi ho avuto il tempo di fare tante cose: mi sono alzata più tardi del solito, poi sono uscita, ho fatto spese, ho studiato per alcune ore in biblioteca, ho incontrato i miei amici e sono andata a correre prima di cenare con alcuni colleghi in tarda serata

2.5 | Connettivi

Due o più frasi possono essere collegate da connettivi, ovvero:

- **una *transition word*: *however*** (tuttavia), ***therefore*** (quindi), ***also*** (anche), ***moreover*** (inoltre), ***thus*** (quindi), ***then*** (poi), ***consequently*** (di conseguenza), ***besides*** (inoltre), ***otherwise*** (altrimenti) ecc.;

    Our company is going through a difficult period, therefore we are not going to recruit – La nostra azienda sta attraversando un periodo difficile, quindi non abbiamo intenzione di assumere nessuno

- **una congiunzione coordinante**: ***but*** (ma), ***or*** (o), ***for*** (per), ***and*** (e), ***nor*** (né), ***yet*** (eppure);

    His sister practises no sport nor is fond of anything – Sua sorella non pratica nessuno sport né coltiva qualche passione

- **una congiunzione subordinante**: ***although*** (nonostante), ***so*** (così), ***while*** (mentre), ***until*** (fino a), ***if*** (se), ***after*** (dopo), ***therefore*** (quindi), ***though*** (benché), ***since*** (poiché), ***as*** (poiché), ***because*** (perché), ***before*** (prima), ***where*** (dove), ***unless*** (a meno che), ***as soon as*** (non appena) ecc.;

    Unless he comes in five minutes we will leave without him – A meno che non arrivi entro cinque minuti, ce ne andremo senza di lui

Quando due o più nomi o gruppi di nomi sono soggetti dello stesso verbo, possono essere uniti dalla congiunzione ***and*** e dalle parole ***along with*** (con), ***besides*** (oltre a), ***together with*** (insieme a), ***as well as*** (come anche), ***in addition to*** (oltre a) e il verbo è al plurale.

> *This magazine as well as that newspaper will be issued next month* – Quella rivista e quel giornale saranno pubblicati il prossimo mese

2.6 | Frasi interrogative e negative

Le frasi interrogative con i verbi ***to be***, ***to have got***, ***can***, ***must*** si costruiscono invertendo l'ordine soggetto-verbo; le negative si costruiscono facendo seguire il verbo da ***not***.

> *Can I have some water, please?* – Posso avere dell'acqua, per favore?
> *Sorry, but I haven't got any cigarettes left* – Mi dispiace, ma non ho più sigarette

Le frasi interrogative e le negative con tutti gli altri verbi in inglese si costruiscono con gli ausiliari. L'interrogativa si costruisce nel seguente modo: ausiliare + soggetto + base del verbo; la negativa: soggetto + ausiliare + not + base del verbo.

> *Do you usually drink any spirits when you go out with your friends?* – Di solito bevi alcolici quando esci con gli amici?
> *We don't share his ideas* – Non condividiamo le sue idee

Gli ausiliari cambiano in base al modo e al tempo verbale:

- **simple present**: do / does, don't / doesn't
- **simple past**: did, didn't
- **simple future**: will / shall, won't / shan't
- **conditional**: would / should / could, wouldn't / shouldn't / couldn't

> *The guests will arrive at 10 o'clock* – Gli ospiti arriveranno alle 10 in punto
> *Will you answer the phone, please?* – Risponderesti al telefono, per favore?
> *The passengers didn't realize the bus driver was drunk* – I passeggeri non si sono accorti che l'autista era ubriaco

Per le forme verbali progressive costruite con *to be*, vale la regola dell'inversione tra il soggetto e il verbo.

> *What are you doing?* – Che cosa stai facendo?

Una frase può essere negativa anche senza la presenza di ***not***, mediante:

- i **composti di no**: ***neither*** ... ***nor*** (né ... né), ***nobody*** (nessuno), ***nowhere*** (da nessuna parte), ***none*** (nessuno, pronome riferito a cosa), ***no one*** (nessuno, pronome riferito a persona), ***nothing*** (niente), ***never*** (mai);
- gli **avverbi** ***hardly*** (difficilmente), ***rarely*** (raramente), ***barely*** (a mala pena), ***seldom*** (raramente), ***scarcely*** (appena / difficilmente), ***without*** (senza).

> *Don't worry. I said nothing to the police* – Non ti preoccupare. Non ho raccontato nulla alla polizia
> *There was such a noise that nobody could hear the baby crying* – C'era un tale baccano che nessuno sentiva il bambino piangere

2.7 | Short answers

Le risposte brevi sono tipiche dell'inglese e permettono di rispondere affermativamente o negativamente alla domanda senza dover ripetere l'intera frase. La struttura è ***yes***, soggetto + ausiliare per le risposte affermative; per le risposte negative *no*, soggetto + ausiliare + ***not***.

> *Have you done the washing up? Yes, I have* – Hai lavato i piatti? Sì
> *Did you ask his telephone number? No, we didn't* – Gli avete chiesto il numero di telefono? No

2.8 | Doppio accusativo

Quando un verbo regge due complementi, il complemento indiretto (di termine), se espresso da un nome di persona o da un pronome personale, precede il complemento diretto e perde la preposizione. *They offered a present to me* diventa:

> *They offered me a present* – Mi hanno fatto un regalo

Se il complemento diretto è espresso con un pronome e non con un nome, il doppio accusativo non è possibile e si conserva il normale costrutto con preposizione per il complemento indiretto.

> *I promise it to you* – Te lo prometto

La forma passiva consente di trasformare il complemento indiretto (di termine) in diretto; questa possibilità non esiste in italiano, e una simile frase inglese viene tradotta alla forma attiva in italiano.

> *They told us a romantic story / We were told a romantic story* – Ci hanno raccontato una storia romantica

Questo costrutto è possibile con i verbi:

- **to allow** permettere
- **to ask** chiedere
- **to award** assegnare
- **to book** prenotare
- **to bring** portare
- **to build** costruire
- **to buy** comprare
- **to cause** causare
- **to change** cambiare

• **to charge**	affidare
• **to cook**	cucinare
• **to cost**	costare
• **to cut**	tagliare
• **to deal**	trattare
• **to do**	fare
• **to envy**	invidiare
• **to feed**	nutrire
• **to fetch**	andare a prendere
• **to fund**	fondare
• **to forgive**	perdonare
• **to forward**	inviare / promuovere
• **to get**	ottenere / prendere
• **to give**	dare
• **to grant**	concedere
• **to hand**	porgere / passare
• **to keep**	tenere
• **to leave**	lasciare
• **to lend**	prestare
• **to make**	fare
• **to offer**	offrire
• **to owe**	dovere
• **to pass**	passare
• **to pay**	pagare
• **to post**	imbucare
• **to pour**	versare
• **to prepare**	preparare
• **to promise**	promettere
• **to quote**	citare
• **to read**	leggere
• **to recommend**	raccomandare
• **to refuse**	rifiutare
• **to reserve**	serbare / conservare
• **to save**	salvare
• **to sell**	vendere
• **to send**	inviare
• **to serve**	servire
• **to show**	mostrare
• **to sing**	cantare
• **to spare**	risparmiare
• **to take**	prendere
• **to teach**	insegnare
• **to tell**	dire
• **to throw**	gettare
• **to write**	scrivere

I wouldn't give you a loan if I didn't know you – Non ti concederei un prestito se non ti conoscessi
Show us the photos you took in London! Okay, but I'll show them to Susan, first – Mostraci le foto che hai fatto a Londra! D'accordo, ma le farò vedere prima a Susan
We were granted a 10% discount on our order – Ci hanno concesso uno sconto del 10% sul nostro ordine

I verbi che rifiutano il doppio accusativo sono:

- **to describe** descrivere
- **to explain** spiegare
- **to say** dire
- **to suggest** suggerire

He is explaining to us what happened – Ci sta spiegando che cosa è accaduto
You said to them that you'd never do anything like that – Avete detto loro che non avreste mai fatto una cosa simile

2.9 | Periodi ipotetici

Come in tutte le lingue, esistono diversi tipi di periodo ipotetico (*conditional sentences*):

- peridodo ipotetico della realtà (tipo zero): la condizione posta ha un risultato generale e costante;
- periodo ipotetico di primo tipo: la condizione ha come effetto un evento futuro probabile;
- periodo ipotetico di secondo tipo: la condizione ha come effetto un evento possibile ma non probabile;
- periodo ipotetico di terzo tipo: la condizione rimanda a una circostanza oramai passata e quindi a un evento non più possibile, oppure a un'ipotesi irrealizzabile.

Il periodo ipotetico è composto da una **frase subordinata** introdotta da ***if*** (se), ***when*** (quando), ***as soon as*** (non appena), ***till / until*** (fino a quando), ***provided** that* (purché), ***as long as*** (finché / per tutto il tempo che), ***after*** (dopo che), ***before*** (prima che) e da una **frase principale**. I modi e i tempi verbali interessati sono i seguenti.

	SUBORDINATA (IF-CLAUSE)	PRINCIPALE (MAIN-CLAUSE)
0	Simple Present	Simple Present
1°	Simple Present (Present Perfect, Present Continuous)	Simple Future (Imperative, Simple Present)
2°	Simple Past (Past Continuous, should, could)	Present Conditional (Present Conditional Continuous)
3°	Past Perfect (Past Perfect Conditional)	Perfect Conditional (Present Conditional, Perfect Conditional Continuous)

When it snows it is really cold – Quando nevica fa davvero freddo
When I go and live in Brussels I'll send you one letter a day – Quando andrò a vivere a Bruxelles ti scriverò una lettera al giorno
I would tell you what I think if you were less nervous – Ti direi quello che penso se tu fossi meno nervoso
They could have passed the test if they had attended lessons regularly – Avrebbero potuto superare l'esame se avessero frequentato il corso regolarmente

2.10 | Discorso indiretto

Per trasformare un discorso diretto in discorso indiretto è necessario modificare i tempi verbali e rispettare la *consecutio temporum*, nonché la variazione delle espressioni di tempo e di luogo. La seguente tabella illustra le trasformazioni dei tempi verbali dal discorso diretto al discorso diretto, quando il verbo introduttivo è al passato (per esempio: *he said that*).

DISCORSO DIRETTO	DISCORSO INDIRETTO
Simple Present	Simple Past
Present Continuous	Past Continuous
Present Perfect	Past Perfect
Present Perfect Continuous	Past Perfect Continuous
Simple past	Past Perfect
Future tense	Present Conditional
Future continuous	Present Conditional Continuous
Imperative	Infinitive

Tutti gli altri tempi verbali non cambiano.

I seguenti verbi modali cambiamo come indicato:

- *can* → *could*
- *may* → *might*
- *shall* → *should*

Anche le espressioni di tempo e di luogo vengono adattati al discorso indiretto, per esempio:

- *here* → *there*
- *tomorrow* → *the following day / the day after /*
- *last year* → *the previous year* ecc.

Di seguito sono riportati alcuni esempi esplicativi.

- Dal Simple Present al Simple Past

  Discorso diretto:
  Ken says: «Next month I will leave for California» – Ken dice: «Il mese prossimo partirò per la Californi»
  Discorso indiretto al passato:
  Ken informed his friends that the following month he would leave for California – Ken informò i suoi amici che il mese successivo sarebbe partito per la California

- Dal Present Perfect al Past Perfect

  Discorso diretto:
  «I haven't finished my homework yet» – «Non ho ancora finito i compiti»
  Discorso indiretto:
  He admitted that he hadn't finished his homework yet – Ammise che non aveva ancora finito i compiti

- Dal Simple Future al Present Conditional

  Discorso diretto:
  «We will be there on time!» – «Arriveremo in tempo!»
  Discorso indiretto:
  They promised they would be there on time – Promisero che sarebbero arrivati in tempo

- Variazioni nelle espressioni di tempo e di luogo.

Discorso diretto:
«We met Jill here two days ago» – «Abbiamo incontrato Jill qui due giorni fa»
Discorso indiretto:
They stated that they had met Jill there two days before – Affermarono di avere incontrato lì Jill due giorni prima

Discorso diretto:
«You know, last week I left my job and found a better one» – «Sai, la scorsa settimana ho lasciato il lavoro e ne ho trovato uno migliore»
Discorso indiretto:
He claimed that the previous week he had left his job and found a better one – Affermò che la settimana prima aveva lasciato il lavoro e ne aveva trovato uno migliore

2.11 | Esercizi

Fill in the blanks with the right word or words.

1 **«There's a party on tonight. Would you like to come with me?» - «Yes, ______».**

A I'd love to
B I love it
C I'd like
D I would to

2 **The problem ______ your job is that you don't know whether you'll ever find a better one!**

A with to quit
B with quitting
C leaving
D to leave

3 **I was wondering ______ good restaurant.**

A whether knowing
B if knowing any
C if you knew any
D if to know any

4 **______ he managed to find a job abroad.**

A In spite of being difficult
B Despite some difficulties
C Even if it was difficult
D Although difficulties

5 **Daddy insists ______ a job.**

A on my sister finding
B on that my sister finds
C that my sister's finding
D my sister to find

6 **He was a good-looking middle-aged man. He _____ in his forties.**

A must be
B had to be
C must have been
D could have been

7 **_____ I had news from Robert.**

A They are months since
B It's been months since
C It's been months that
D It has months since

8 **He _____ although we all knew the truth.**

A kept on lying
B kept to lying
C will keep lying
D keeps to lie

9 **_____ a pizza?**

A What about having
B What if having
C If eating
D Let's have

10 **In the end they _____ them.**

A let her to join
B made her to join
C got her to join
D got her join

11 **The door _____ .**

A doesn't open
B doesn't want to open
C won't open
D won't get opened

12 **I stopped _____ at 5pm and _____ .**

A to study, went jogging
B to study, went to jog
C studying, went jogging
D studying, went to jog

13 **You _____.**

A had better not smoke
B should no smoking
C would better not smoke
D had better no smoking

14 **The deceased had not worn a safety belt while he was doing cabling work _____ the building.**

- A on the top of
- B at the top of
- C on top of
- D at the top

15 **How come _____earlier?**

- A they didn't leave
- B didn't they leave
- C did they leave
- D haven't they

16 **Michael is responding to treatment for a lung infection three days after _____ hospital.**

- A is rushing to the
- B rushed to
- C to be rushed to
- D he was rushed to

17 **Researchers have unlocked the genetic secrets _____ honey bees are so sensitive to environmental change.**

- A related why
- B concerning the reason
- C as to why
- D the reason for which

18 **The chairman defended _____**

- A investing more money in producing new products
- B investing many money to produce new products
- C to invest money in new products
- D to investing in new products

19 **Those studying engineering are said _____.**

- A to lose their hair young than average
- B to lose their hair at a younger age than average
- C they lose their hair at a younger age than average
- D they lose at a younger age their hair than average

20 **_____ Mary Quant invented the mini-skirt.**

- A Back in the Sixties
- B Rewinding the Sixties
- C Back to the Sixty
- D Back in the Sixty years

21 **Charlotte is getting anxious. She can find _____.**

- A either her wallet or her bag
- B both her wallet and her bag
- C neither her wallet nor her bag
- D neither her wallet or her bag

22 **Iran has been investing in nuclear energy, _____ international warnings.**

- **A** by defying
- **B** defying
- **C** as defying
- **D** to defying

23 **The rocket _____ its planned trajectory.**

- **A** appears to have followed
- **B** appears follows
- **C** appears to following
- **D** is thought to being followed

24 **The recent scientific discovery _____.**

- **A** is coming surprising
- **B** came a surprise
- **C** has come as a surprise
- **D** surprisingly to come

25 **_____ they have gone to theatre.**

- **A** This is the first time
- **B** Last weekend
- **C** Never before
- **D** That is

26 **The little boy you are looking for _____ blue trousers and a green shirt.**

- **A** to wear
- **B** wears
- **C** is wearing
- **D** wearing

27 **Two days ago the secretary said the meeting _____.**

- **A** could delay
- **B** could be delayed
- **C** would delay
- **D** is being delayed

28 **_____ he got there, the shop was closed.**

- **A** If
- **B** By the time
- **C** As soon
- **D** Meanwhile

29 **The student _____ the examination.**

- **A** could pass to
- **B** managed passing
- **C** succeeded to pass
- **D** succeeded in passing

30 **The woman watches the children playing _____ a glass of wine.**

- **A** while having
- **B** and having
- **C** and to have
- **D** for having

---

31 **I feel better, so _____ the doctor.**

- **A** I could need
- **B** I should need
- **C** I don't need going
- **D** I needn't go to

---

32 **They enjoy _____.**

- **A** to take off people
- **B** to take people off
- **C** taking people off
- **D** taking off people

---

33 **Mark _____ telling jokes.**

- **A** likes always
- **B** always likes
- **C** is always liking
- **D** always likes to

---

34 **You can either give _____.**

- **A** the book me or her
- **B** to me or to her the book
- **C** me or her the book
- **D** the book to me or her

---

35 **I would never trust _____ lies to people.**

- **A** someone who usually
- **B** in someone who usually
- **C** usually someone who
- **D** someone usually who

---

36 **It wasn't clear _____.**

- **A** how had he escaped
- **B** the way he escapes
- **C** how he had managed to escape
- **D** how he managed to escaping

---

37 **Sometimes _____ extra work.**

- **A** I can't avoid doing
- **B** can I avoid to do
- **C** I cannot avoid to doing
- **D** avoiding doing

38 _____ **him without his mobile phone.**

A Never I saw
B In no circumstances have I seen
C Never I am seeing
D Under no circumstances I see

39 _____ **for her she laughs with joy.**

A He doesn't buy anything
B Did he buy anything
C He always buys
D Whenever he buys something

40 **Would you mind _____?**

A if I open the window
B to open the window, please
C opening the window, please
D if the window opened?

41 _____ **the bus!**

A Is there
B Here comes
C Here
D Here it's coming

42 **Years ago I _____ to the cinema every evening.**

A was used to go
B used to go
C would be going
D am used to go

43 **I promise _____ as soon as I can.**

A I will call you
B I call you
C I am going to call you
D I'm calling you

44 **It's the first time _____ in a Vietnamese restaurant.**

A we eat
B we were eating
C we've eaten
D that we ate

45 _____ **but he also didn't apologize.**

A Not only did he arrive late
B He arrived late not only
C Not only he arrived late
D Not only arrived he late

46 _____ **since you phoned her last time?**

- (A) When was it
- (B) How long has it been
- (C) How long is it
- (D) When is it

47 **I was not sure whether they _____ the following winter.**

- (A) had agreed on a decision within
- (B) managed to agree on a decision within
- (C) would manage to agree on a decision within
- (D) would agree on a decision by

48 _____ **the Internet has totally changed communication.**

- (A) In some years
- (B) In the past years
- (C) Over the past a few years
- (D) Over the past few years

49 **That candidate got _____.**

- (A) the fewest of all
- (B) the fewest votes of all
- (C) the least vote
- (D) few votes of all

Find the right meaning of the sentence or the underlined part of the sentence.

50 **Today he <u>doesn't feel like talking</u>.**

- (A) Not to be in the right mood for something
- (B) Not to stop doing something
- (C) Not to begin doing something
- (D) To feel as one who likes talking

51 **He knocked at the door while I was sleeping.**

- (A) As he knocked at the door I fell asleep
- (B) I was sleeping when he knocked at the door
- (C) I wish I had been asleep when he knocked at the door
- (D) I fell asleep after he knocked at the door

52 **Hardly did they come to see their parents.**

- (A) They came to see their parents only once
- (B) They come to see their parents few times
- (C) They rarely come and see their parents
- (D) They seldom came to see their parents

53 **«Here's Peter, my brother» - «<u>How do you do!</u>».**

- (A) Happy to see you again
- (B) What are you doing?
- (C) Nice to meet you
- (D) What are we going to do now?

54 **My mother wishes she could live in another town.**

- **A** My mother would have liked to live in another town
- **B** My mother would like to live in another town
- **C** My mother could have lived in another town
- **D** My mother couldn't live elsewhere

55 **«Here you are, at last!» - «<u>Better late than never!</u>».**

- **A** It's better to be on time than ever
- **B** It's better to be late than not to arrive at all
- **C** The later you are, the better it is
- **D** The later you are, the worse it is
- **E** Never to arrive is worse than to be on time

56 **The elections are likely to result in broader political representation in many parts of the country.**

- **A** The elections might result in broader political representation
- **B** The elections can result in broader political representation
- **C** Hardly could the elections result in broader political representation
- **D** Never could the elections result in broader political representation

57 **They'd rather go as it's late.**

- **A** They should go because it is late
- **B** They don't want to go though it's late
- **C** They prefer to go because it is late
- **D** It's late and they're going to stay

58 **The economy is now facing its most difficult period since high unemployment and emigration hit in the early 1980s.**

- **A** In the early 1980s the economy faced a difficult period
- **B** The economy never faced a worst period before
- **C** The economy has been facing a difficult period since the early 1980s
- **D** The economy has been facing a difficult period for over twenty years

59 **The witness says he won't show up in court if the trial opens.**

- **A** The witness thinks the trial won't open
- **B** The witness has just shown up in court
- **C** The witness may appear before the court when the trial opens
- **D** The witness prefers not to appear before the court

60 **Children can't be expected to pay for their parents' mistakes.**

- **A** Parents' mistakes are often paid by their children
- **B** Children shouldn't pay for their parents' mistakes
- **C** Children are not forced to pay for their parents' mistakes
- **D** It's better for children not to pay their parents' mistakes

61 **It took weeks of talks for the Parliament to reach an agreement.**

A The Parliament has to talk for a long time before an agreement can be reached
B The Parliament is going to reach an agreement after weeks of talks
C The Parliament had been talking for some weeks without reaching an agreement
D The Parliament reached an agreement after weeks of talks

62 **<u>Every now and then</u> he comes and sees us.**

A Always
B Seldom
C Once in a while
D In two weeks
E Once every two weeks

63 **Not until the XX century has massive deforestation taken place.**

A The phenomenon has taken place before the XX century
B The phenomenon took place at the beginning of the XX century
C The phenomenon took place in the previous century
D The phenomenon will take place in the near future
E The phenomenon has never taken place before the XX century

64 **Michael asks: «Do you have any idea who it might have been?»**

A Michael is sure you know nothing
B Michael is sure you know something
C Michael thinks you must know something
D Michael wants to know if you know something

65 **As the plane takes off at 9am, the tour operator suggests that we should check in by 7.30am at the latest.**

A We must check in at 7.30
B We'd better check in after 7.30 am
C We'd better check in before 7.30 am
D We'd better check in at 7.30 am or later

66 **They needn't bother! I'll go and see them!**

A It is necessary that they come and see me
B I am obliged to come and see them
C It is not necessary that they come and see me
D They don't need any brother
E They don't need any help

67 **No sooner did the police arrive than the crowd gathered together.**

A The crowd gathered together before the police arrived
B As soon as the police arrived the crowd gathered together
C If only the police arrived the crowd would gather together
D If the police arrived the crowd would gather together
E Should the police arrive the crowd could gather together

68 **Paul said he had finished work late in the afternoon and remembered putting the contracts on his desk before leaving.**

- A Paul reported what he had done
- B Paul reports what he has just done
- C Paul stated that he finished work and put the contracts on his desk
- D Paul stated that he would put the contracts on his desk

69 **Hijackers are not thought to have made any political demands as yet.**

- A Hijackers may have made some political demands but there is no news about
- B We are sure that hijackers haven't made any political demands yet
- C Hijackers have just made a few political demands
- D Hijackers are unlikely to make some political demands

Find the right meaning of the (underlined) sentence or its logic implication.

70 **Religion is still today a major issue. <u>What if it didn't have to be</u>?**

- A Imagine religion were not a major issue
- B Religion may even not be a major issue
- C What do you think about it?
- D What can be the reason?

71 **Despite the measures promised, a lot more convincing still needs to be done.**

- A The measures promised don't need to be strengthened
- B The measures promised are not convincing enough
- C The measures promised won't have to be strengthened
- D The measures promised were not taken

72 **Nobody has yet figured out how to deal with the fundamental cause of the crisis.**

- A Nobody still knows the reason for the crisis
- B Someone knows how to deal with the fundamental cause of the crisis
- C The reason for the main cause of the crisis is still unknown
- D The main cause of the crisis has not been faced yet

73 **George says: «I have always been happy not to be a snorer — or at least I was until recently, when my wife told me otherwise»**

- A George is not a snorer
- B George's wife said he is a snorer
- C George's wife says that he has recently become a snorer
- D George has never been a snorer

74 **I've never been so happy before! <u>I want for nothing</u>!**

- A I wish for everything
- B I don't wish for anything else
- C I make a lot of wishes
- D I want to be left alone
- E I desire anything

75 **A: «My son won't listen to me» B: «<u>What if you tried fixing new rules</u>?»**

- A Let's fix new rules!
- B Have you already tried fixing new rules?
- C B would like to fix new rules
- D B suggests trying fixing new rules

76 **After Alfred Nobel's death it took five years to get the prizes started because everyone had to figure it all out.**

- A Alfred Nobel's death came unexpected to everyone
- B The academies in charge with the awarding of Nobel prizes were appointed five years before Alfred Nobel's death
- C Five years after Alfred Nobel's death the prizes were started
- D Five years after Alfred Nobel's death were nominated special commissions awarding prizes

77 **I can't get used to living in such a polluted area.**

- A It is difficult to me to go and live in a polluted area
- B It is difficult to me to live in this area
- C I used to live in a polluted area
- D I used to love safe areas

78 **My plants could have grown luxuriant if you had put them on a sunny place.**

- A You put my plants on a sunny place
- B You will have to put my plants on a sunny place
- C My plants grew luxuriant
- D My plants didn't grow luxuriant

79 **I won't let him decide for me unless his proposal is advantageous.**

- A His proposal must be advantageous for me to let him decide for me
- B His proposal must be advantageous for him
- C If his proposal is not advantageous I will let him decide for me
- D I cannot say if his proposal is advantageous

80 **By the end of the school year the students will all have been examined.**

- A Exams will take place at the end of the school year
- B Exams will take place before the end of the school year
- C Exams will take place after the end of the school year
- D Students have all already been examined

81 **Ross is twenty-five years old. Muriel is twenty-four years old.**

- A Ross is younger than Muriel
- B Ross is older than Muriel
- C Muriel is less young than Ross
- D Muriel is older than Ross

82 **Jane hasn't got any pets.**

- A Jane has got some pets
- B Jane has got no pets
- C Jane has got a quantity of pets
- D Jane would like a pet

83 «Will you play volley-ball with us?» «<u>I'm quite tired today</u>».

- **A** I would like to play
- **B** I'll play
- **C** I feel like playing
- **D** I feel that I do need a rest
- **E** I look forward to playing

84 **Would you mind if I arrived a little later than agreed?**

- **A** I'm asking for information
- **B** I'm asking for a permission
- **C** I need some help
- **D** I'm investigating other people's tastes

85 **Jenny can't bear Catherine anymore.**

- **A** Jenny finds Catherine very difficult to tolerate
- **B** Jenny refuses to see Catherine again
- **C** Jenny and Catherine have never got on together
- **D** Catherine misbehaves
- **E** Catherine does her best to get on with Jenny

86 **You look tired. Why don't you take a couple of days off?**

- **A** You must be ill
- **B** You must have looked exhausted
- **C** You'd better go to work
- **D** You should devote some time to your health

87 **I didn't want to, but I was made to do so.**

- **A** Someone forced me to do it
- **B** I was finally persuaded to do it
- **C** I arranged for it to be done
- **D** I realized I'd better do it

88 **My suggestions were like water off a duck's back.**

- **A** My suggestions produced some effects
- **B** My suggestions were totally ineffective
- **C** They told me I'd better do my business
- **D** They followed my advice successfully

89 **Could he really be as untrustworthy as Lucy claimed in court?**

- **A** He surely was untrustworthy
- **B** He will be untrustworthy
- **C** Lucy stated she could trust him
- **D** Lucy stated he was untrustworthy but we don't know the truth
- **E** He lied before the court

90 **What's the point of his saying that?**

- **A** I do understand what he says
- **B** The sense in his saying is clear
- **C** What he says is unclear and obscure to me
- **D** What does he want to add?
- **E** Why is he shouting at me?

91 **Stop telling lies!**

- **A** You don't like telling lies
- **B** You always tell lies
- **C** You never tell lies
- **D** You would like to tell lies
- **E** I want you to tell lies

92 **If it's sunny we will have a picnic.**

- **A** It may be sunny
- **B** It could have been sunny
- **C** We won't have a picnic
- **D** We will possibly have a picnic
- **E** We wouldn't possibly have a picnic

93 **Our group outnumbers yours.**

- **A** In our group there are more people than in yours
- **B** In our group there are fewer people than in yours
- **C** There are many people in this room
- **D** There are few people in this room
- **E** Our group and yours are evenly matched

94 **«Take this medicine twice a day for a week!».**

- **A** The nurse states…
- **B** The doctor orders…
- **C** Mum suggests…
- **D** The doctor thinks…
- **E** Mum asks…

95 **If I bought a house now I would have to take out a mortgage.**

- **A** I'd better ask for a loan
- **B** I won't be obliged by circumstances
- **C** Now I must take out a mortgage
- **D** I've got little money and couldn't do without a mortgage
- **E** I needn't take out a mortgage

96 **That's by far the most exciting story I've ever listened to in my life.**

- **A** The story excited me very little
- **B** The story didn't excite me very much
- **C** I've listened to better stories before
- **D** I've never listened to such an exciting story before
- **E** I hope I will soon listen to a better story

97 **I'm afraid we'll have to walk up the stairs as the lift won't work.**

- A The lift will soon be repaired
- B The stairs are preferable
- C The lift is out of order
- D The lift makes you save time
- E We prefer walking go up the stairs rather than taking the lift

98 **Turn it the other way round!**

- A Play it around
- B Hang around
- C Make it face the other way
- D I don't like that way
- E You'd better do what I say

99 **When he was a child he helped his family make both ends meet and couldn't go to school.**

- A He received no education because his family couldn't afford it
- B His family compelled him to work
- C He didn't go to school because he liked working
- D His family would make him go to school but he didn't want to

100 **I can't remember sending the message.**

- A The message was sent
- B I am forgetful
- C I am sure of what I did
- D I can't send the message
- E I am not reliable

2.12 | Soluzioni e commenti

1 La risposta affermativa all'invito a una festa, con cui si esprime la volontà di accettarlo, prevede la ripetizione dell'ausiliare presente nella domanda (*would*) e l'aggiunta del verbo che esprime preferenza (*like*, *love*). All'alternativa C, per essere corretta, manca il *to*, che sottintende *to come* ed è quindi il complemento oggetto. La risposta giusta può essere perciò solo la A.

2 Nella locuzione proposta in questa frase, il sostantivo *problem* è seguito da *with* quando si vuole specificare il tipo di problema. Si possono quindi escludere le risposte C e D. La congiunzione *with*, in questo caso, deve essere seguita dalla forma in *-ing* del verbo, quindi *quitting*: la risposta giusta è la B.

3 Per introdurre una frase interrogativa indiretta o dubitativa si usano indifferentemente le congiunzioni *whether* e *if* (*I asked him if/whether he wanted to come*), mentre si usa solo *whether* davanti a un verbo all'infinito oppure dopo una preposizione (*She doesn't know whether to go home*; *It depends on whether you are in a hurry*). Possono entrambi seguire il verbo *to wonder* ("chiedersi"). In questa frase ha senso, nella subordinata, la presenza del pronome personale soggetto *you* seguito dal verbo *to know* al *past simple* ("mi chiedo se tu conosca"). La risposta corretta è la C: *I was wondering if you knew any good restaurant*.

4 Al testo manca una subordinata o un complemento concessivo introdotto da "nonostante", "benché". *In spite of* e *despite* sono seguiti da un sostantivo; *although* e *though* (o *even though*) sono seguiti da una frase con un verbo. La risposta corretta è la B.

5 Nella frase dell'esercizio, il verbo *to insist* può essere seguito da *that* + soggetto + verbo al presente (*that my sister finds*), oppure da *on* + verbo in *-ing* preceduto dal suo soggetto: *on my sister finding*. La risposta corretta è la A.

6 La prima frase è al tempo passato (*was*) e da questo si deduce che anche la seconda lo è, per coerenza. La deduzione logica si può esprimere con i verbi *must* e *can* (la B è sbagliata), ma solo l'alternativa C riporta la forma passata: *must have been*. La risposta giusta è la C.

7 L'indicazione della durata, in inglese, si esprime con il *present perfect*, mentre il momento in cui ha inizio l'azione espressa dal *present perfect* è preceduto da *since*. Il verbo al *simple past* esprime l'azione accaduta in un momento preciso passato (avere avuto notizie l'ultima volta, *I had news*). La risposta corretta è la B.

8 Il verbo *to keep* (continuare) può essere seguito da *on* e un verbo alla forma in *-ing*; si escludano quindi le risposte B e D. Poiché la secondaria introdotta da *although* è al passato (sebbene noi conoscessimo la verità), anche il verbo della principale è al tempo passato, *kept on lying*. La risposta corretta è la A.

9 La frase interrogativa è una proposta. Tra le alternative l'unica valida è *what about having a pizza?*; un altro modo per proporre è usare l'imperativo (*Let's have a pizza!*). La risposta corretta è la A.

10 La frase deve essere completata con una forma verbale che restituisca l'idea di permettere, far sì che accada qualcosa (nel caso in questione: far sì che lei si unisca). *Make* (risposta B) e *let* (risposta A) sono seguiti dalla sola forma base del verbo (senza *to*), mentre *get* è seguito da to + verbo e significa *convincere a*, espressione che completa la frase. La risposta corretta è la C.

11 Per dire che qualcosa svolge la propria funzione, in inglese si usa l'ausiliare *will*: the door *won't open* (alla forma negativa nel caso della frase dell'esercizio), significa che *la porta non si apre/vuole aprire*. La risposta giusta è la C.

12 *To stop* significa smettere, finire di, e può essere seguito da un verbo alla *-ing form* o dall'infinito con *to*, a seconda del significato. Per dire che si interrompe un'attività per cominciarne un'altra, *to*

stop è seguito dall'infinito; *to* + *-ing* sta a significare l'interruzione di un'azione in corso o abitudinaria. In questo caso il parlante ha interrotto l'azione in atto (*stop studying*) ed è andato a correre (*and went jogging*). Pertanto, la risposta corretta è la **C**.

---

13 Per dare un consiglio a qualcuno, un suggerimento su cosa "dovrebbe" fare, le forme verbali possibili in inglese sono *should* + verbo (senza *to*) oppure *had better* + verbo (senza to), spesso abbreviato in *'d better*. Si escluda la risposta **C**. È anche possibile trovare un verbo in *-ing* che esprima un infinito (*smoking* invece di *to smoke*), ma la sua negazione dovrà comunque essere espressa da *not*, non da *no*. La risposta giusta è quindi la **A**.

---

14 In cima a si traduce *on top of*; sulla cima di si traduce *on the top of*. La risposta esatta è quindi la **C**.

---

15 A differenza di un'interrogativa introdotta da *why*, con *how come* (come mai?) l'ordine delle parole è identico a quello di una frase affermativa. La risposta giusta è quindi la **A**.

---

16 La frase può essere completata nei modi seguenti: *after rushing to hospital* (si sottintende che Michael si sia precipitato da solo in ospedale); *after being rushed to hospital* oppure *after he was rushed to hospital* (dopo esser stato portato d'urgenza). *Andare all'ospedale* si traduce *to go to hospital*, senza articolo *the*. La risposta esatta è quindi la **D**.

---

17 In questo caso manca un elemento di collegamento tre le due frasi. La risposta **A** propone un'espressione non corretta (in inglese si usa infatti *related to*, "in relazione a", non *related why*). All'alternativa **B** manca il *why* per completare l'espressione (*the reason why*), mentre anche la **D** non è grammaticalmente corretta. L'unica risposta che completa e dà un senso alla frase è suggerita dall'alternativa **C** (*as to why*) e la traduzione è la seguente: "I ricercatori hanno scoperto i segreti genetici per cui le api sono altamente sensibili ai cambiamenti climatici".

---

18 Il verbo *defend* è seguito da un verbo alla forma in *-ing* (difese la decisione di investire); *to invest* è seguito dalla preposizione *in*, non da *on*; *money* può essere preceduto da *more* (ulteriore, altro) o *much* (molto), dal momento che è un sostantivo singolare *uncountable*. Tra le alternative proposte, quella corretta è la **A**.

---

19 La forma impersonale *si dice* si può tradurre mettendo il verbo alla forma passiva e accordandolo con il soggetto della frase dichiarativa italiana (si dice che John sia generoso -> *John is said to be generous*). Il verbo congiuntivo italiano si traduce così con un infinito con *to*. Il comparativo di maggioranza di *young* si forma aggiungendo *-er* all'aggettivo mentre il secondo termine di paragone è introdotto da *than*: *at a younger age than average*. La risposta esatta è quindi la **B**.

---

20 *Back in* + anno oppure *back in the* + decennio espresso con il decimale al plurale indicano un evento accaduto nel passato, in questo caso *Sixties*. Da notare l'iniziale maiuscola obbligatoria. La risposta giusta è la **A**.

---

21 Se Charlotte si sta agitando è perché non trova né il portafoglio né la borsa. La scelta ricade su *neither... nor* e la risposta al quesito è la **C**. L'espressione *either... or* (risposta **A**) significa o... o, *both... and* (risposta **B**) significa sia... sia.

---

22 Il verbo alla forma in *-ing* può introdurre una subordinata modale (sfidando il monito internazionale), come in questo caso in cui non servono preposizioni. La risposta giusta è la **B**.

---

23 Il missile sembra seguire la traiettoria stabilita. I verbi da usare possono essere tanti: *appears to* + infinito, *seems to* + infinito, *is thought to* + infinito (con il significato *si ritiene che il missile*). In ogni caso, il verbo che segue è all'infinito, sia al tempo passato (perché il viaggio del missile è concluso: *to have followed*), sia al tempo presente (il viaggio del missile è in corso: *to follow/to be following*). La risposta giusta è la **A**.

24 La scoperta è giunta/giunge come una sorpresa: si può dire *is coming/comes/came/has come as a surprise*, oppure *was/has been/is/is being a surprise*. *Surprisingly* è un avverbio (sorprendentemente) e *surprising* è un aggettivo. La risposta giusta è la **C**.

25 Il tempo verbale *present perfect* richiede una locuzione che non definisca il momento esatto in cui l'azione si è verificata: si può escludere *last weekend*, che colloca l'azione in modo preciso al passato. *Never before* (**C**) esige l'inversione tra soggetto e verbo (*have they*); *that is* (**D**) significa *cioè*. La risposta esatta è la **A**: *This is the first time* è una delle espressioni che richiede il *present perfect*.

26 Alcuni verbi esprimono azioni in corso, come *to wear*, che può indicare sia l'azione di indossare (in questo caso si deve usare una forma progressiva, *is/was wearing*), sia quella di mettersi addosso, che si può rendere con un *simple present* (*wears*). In questo caso il verbo è usato con il primo significato, pertanto la risposta corretta è la **C**.

27 Un'azione che accadrà in un momento futuro rispetto a quello di riferimento (*said*) si esprime con un *present conditional*; in questo caso, la forma del verbo sarà passiva, poiché il soggetto della frase è l'incontro stesso. La risposta giusta è quindi la **B**.

28 Le due frasi possono essere messe in relazione temporale. Con *if*, si costruisce un periodo ipotetico, ma la frase: *if he got there, the shop would be closed* non ha alcun significato. *As soon* deve essere seguito da *as*. *Meanwhile* significa nel frattempo e non dà senso compiuto alla frase. La risposta corretta è la **B**: *by the time* vuol dire nel momento in cui, allorché, appena.

29 "Riuscire a", al passato, si può tradurre in vari modi: *could* + infinito senza *to*, *managed to* + infinito senza *to*, *succeeded in* + *-ing form*. *Could pass* sarebbe corretto ma nell'alternativa **A** è seguito da *to*. La risposta esatta è quindi la **D**.

30 La donna guarda i bambini giocare *bevendo/mentre beve* un bicchiere di vino: *while having* (risposta **A**) è l'espressione che completa correttamente la frase. Secondo l'alternativa **B**, *and having*, sono i bambini che si bevono un bicchiere di vino, perché il soggetto del verbo è lo stesso del verbo *playing* (*the children playing and having*): questa possibilità, seppure corretta grammaticalmente, si può scartare, così come la **D** (giocano per farsi un bicchiere di vino). L'alternativa **C** non è valida.

31 Se mi sento meglio, non è necessario che io vada dal dottore. La non necessità, in italiano espressa con un verbo alla forma impersonale, si può esprimere con il verbo *need* alla forma personale: *I needn't go* oppure *I don't need to go*. La risposta giusta è la **D**. Se si preferisce usare *should* (**B**), allora basta dire *I shouldn't go*; l'aggiunta di *need* è inutile. L'alternativa **A** conferisce poca logica alla frase (ovvero mi sento meglio, quindi potrei aver bisogno di un medico).

32 Il *phrasal verb to take off* (imitare, fare la caricatura di qualcuno) è seguito da un complemento oggetto posto tra il verbo e la preposizione. Inoltre, il verbo *enjoy* è seguito da un verbo alla forma in *-ing*. La risposta giusta è quindi la **C**.

33 L'avverbio di frequenza si posiziona tra il soggetto e il verbo; inoltre, *to like* è seguito da *-ing form* se si sta parlando di gusti abituali; è seguito dll'infinito del verbo solo quando, all'interno di un determinato contesto, si sceglie una tra più alternative. La risposta corretta è la **B**.

34 *To give* è un verbo seguito sia da un complemento oggetto sia da un complemento di termine; si può dire *give me the book* ma nella frase dell'esercizio si dovrà mettere in prima posizione l'oggetto e poi il complemento di termine preceduto da *to*, perché quest'ultimo è composto da due elementi (*me or her*: la doppia possibilità è preannunciata da *either*, che vuol dire "o"). In questo modo, l'enfasi è posta sulla scelta tra i due complementi di termine e non sul complemento oggetto, e anche per questo motivo essi sono posti a fine frase. La risposta corretta al quesito è la **D**.

35 Fidarsi di qualcuno si dice *to trust someone*; la frase continua con una relativa introdotta dal pronome riferito *a someone*, cioè *who*; l'avverbio di frequenza (*usually*) seguirà quindi il soggetto. La risposta esatta è la **A**.

36 L'azione di fuggire è anteriore alla sorpresa o dubbio (*it wasn't clear*) suscitato dalla fuga, per cui sarà espressa da un *past perfect*. *Il modo in cui* si può tradurre *how* + frase affermativa, *the way* + frase affermativa. La risposta giusta è la **C**.

37 *Sometimes* non richiede l'inversione tra il verbo e il soggetto; *to avoid* è seguito da un verbo alla forma in *-ing* (*avoid doing*). La risposta giusta è quindi la **A**.

38 In apertura della frase, *never* e *under no circumstances* richiedono l'inversione soggetto-verbo. Il tempo verbale sarà un *present perfect* poiché l'azione è iniziata nel passato continua nel presente. La risposta giusta è la **B**.

39 Le alternative **A** e **C** non danno senso alla frase. L'alternativa **B** ha la costruzione di un'interrogativa, ma la frase data è affermativa. La scelta corretta è la **D**.

40 Il verbo *mind* è spesso usato nell'interrogativa per chiedere un permesso o fare un invito cortese; può essere seguito da *if* + frase al passato (se l'ausiliare di *mind* è *would*), da pronome possessivo + verbo alla *-ing form* (a significare un'azione compiuta dal soggetto: *would you mind my opening the window?*) oppure da verbo alla *-ing form* per invitare la persona a compiere un'azione (*would you mind opening the window?*: le dispiace aprire la finestra?). La risposta giusta è quindi la **C**.

41 La risposta corretta è la **B**. L'inversione tra il soggetto e il verbo si costruisce anche con avverbi di luogo come *here*. *Here comes the bus* significa il pullman sta arrivando. *Is there the bus!* (risposta **A**) non ha senso; alla risposta **C** manca il verbo; nella **D** c'è un pronome soggetto di troppo (*it*).

42 La forma verbale mancante esprime un'azione accaduta nel passato, dato il complemento di tempo *ten years ago*. Si escluda quindi la risposta **D**. L'aggettivo *every* lascia supporre che si stia parlando di un'abitudine, nel cui caso la forma da preferire è *to be used to* + verbo alla forma in *-ing* oppure *used to* + forma base del verbo; la risposta **A** è sbagliata (sarebbe da correggere con *was used to going*) e la risposta giusta è quindi la **B**.

43 Alcuni verbi sono abitualmente seguiti dal tempo futuro: *to promise* è tra questi. La scelta tra il futuro con *going* o con *will* ricade sull'ausiliare *will*, ragione per cui la risposta esatta è la **A**.

44 Anche in questo caso l'espressione *it's the first time* obbliga alla scelta di un solo tempo verbale: il *present perfect*. La risposta giusta è quindi la **C**.

45 *Not only* è tra quelle espressioni che, a inizio frase, esigono l'inversione tra il soggetto e il verbo. La risposta **D**, apparentemente coerente con quanto spiegato, non è corretta, perché nell'inversione bisogna usare l'ausiliare coniugato al tempo verbale della frase, quindi, in questo caso, *did*. La risposta giusta è la **A**.

46 Anche in questo caso siamo di fronte a un'espressione idiomatica, in presenza di *since*, per chiedere da quanto tempo non si compie più un'azione: *how long is it since + simple past*. La risposta giusta è pertanto la **C**.

47 Il verbo al *simple past* seguito da una subordinata in cui è presente un complemento di tempo riferito al futuro (*the following winter*) richiede una forma verbale che esprima il "futuro nel passato" (quello che noi esprimiamo con un condizionale passato). In inglese si utilizza un condizionale presente; si escludano quindi le risposte **A** e **B**. *Entro* può essere tradotto *within* o *by*: il primo si riferisce a un periodo, il secondo si riferisce a un momento preciso; in questo caso, il periodo è ampio (l'inverno successivo), per cui è corretta la scelta di *within*. La risposta giusta è quindi la **C**.

48 *In some years* (risposta A) significa tra alcuni anni, quindi sposta l'azione al futuro (mentre la frase contiene un present perfect). *In the past years* (risposta B) colloca l'intera azione in un momento passato, condizione che non può venire espressa dal *present perfect*. *Few* non può essere in questo caso preceduto da *a* (risposta C). La risposta corretta è la D: *over* copre tutto l'arco temporale in cui si è svolta l'azione, giustificando la presenza del *present perfect*.

49 Alla frase manca il complemento oggetto. Il superlativo relativo di minoranza si esprime con *the fewest* se riferito a un sostantivo plurale (in questo caso *votes*); poiché nella risposta A manca il sostantivo (che rende possibile la comprensione di questa frase), la risposta corretta è la B.

50 La risposta esatta è la A. *To feel like* seguito dal gerundio significa avere voglia di. Pertanto, l'espressione sottolineata non significa non smettere di fare qualcosa (risposta B), né non cominciare a fare qualcosa (risposta C), né sentirsi come una persona a cui piace parlare (risposta D), bensì non essere dell'umore giusto per fare qualcosa, in questo caso parlare.

51 La congiunzione *while*, *mentre*, collega due azioni che hanno luogo contemporaneamente; la forma finita del verbo *knock* e la forma progressiva di *sleep* indicano che la prima azione è avvenuta mentre la seconda era in corso. La contemporaneità può anche essere precisata dalla congiunzione *when*. La risposta A significa "nel momento in cui egli ha bussato alla porta mi sono addormentato" (mentre nel testo si dice che io stavo dormendo in quel preciso instante); la risposta C è corretta quanto alla scelta di *when*, ma il significato è diverso (avrei voluto dormire quando ha bussato alla porta); la risposta D allontana le due azioni con *after* (mi sono addormentato dopo che egli ha bussato alla porta). La risposta giusta è la B.

52 Il verbo che regge la frase è al simple past (*did they come*), e l'intero enunciato si può tradurre: difficilmente venivano a trovare i genitori. Nella risposta A, *hardly* è sostituito arbitrariamente con *only once* (una volta sola); le alternative B e C si riferiscono al tempo presente, per quanto il significato degli avverbi di tempo sia analogo (*few times* e *rarely* possono sostituire *hardly*). La risposta giusta è la D, dove *seldom* significa raramente.

53 *How do you do* è un'espressione idiomatica che non può essere tradotta letteralmente e corrisponde alla nostra *Piacere di conoscerti!* Altre formule di presentazione sinonimiche sono *nice to meet you* o *pleased to meet you*: la risposta esatta è la C.

54 Il verbo *to wish* esprime un desiderio: *mia madre vorrebbe poter vivere in un'altra città*. La risposta A si riferisce a un desiderio passato (le sarebbe piaciuto vivere); la risposta C esprime una possibilità nel passato che non si è realizzata (sarebbe potuta vivere); la risposta D propone un significato del tutto diverso da quello dell'esercizio (non potrebbe vivere da nessun'altra parte). La risposta giusta è la B.

55 *Better late than never* corrisponde letteralmente a *meglio tardi che mai*, ovvero che è meglio arrivare tardi che non arrivare affatto: la risposta corretta è la B.

56 *To be likely to* (sinonimo di *can/could*) esprime una prababilità maggiore di quella espressa da *might* (risposta A). L'alternativa C è introdotta da *hardly*, che riduce ancor più le possibilità, mentre la risposta D annulla del tutto le possibilità data la presenza di *never*. La risposta giusta è quindi la B.

57 *Would rather* significa *to prefer*, da cui si deduce che la risposta giusta è la C. La risposta A è un suggerimento (*should*), la B esprime il senso contrario (*don't want*), come anche la D (*they're going to stay*).

58 Il testo dell'esercizio può essere così tradotto: l'economia sta ora affrontando il suo periodo peggiore da quando, nei primi anni Ottanta, si assistette a una forte disoccupazione ed emigrazione. *Since*, da, è seguito da una subordinata la cui azione è accaduta prima di quella espressa nella frase principale. Pertanto, prima dell'attuale crisi ce n'è stata un'altra nei primi anni Ottanta: la risposta B è quindi errata. La risposta C esprime il concetto per cui l'economia sta affrontando un periodo difficile dai

primi anni Ottanta: *since*, seguito da un complemento di tempo, significa da e precisa il punto di inizio dell'azione espressa nella principale; la risposta D ha il medesimo significato, ma al posto di indicare il punto di inizio dell'azione, ne è indicata la durata con *for*. La risposta giusta è la A.

59 Il periodo esprime un'ipotesi, l'opinione del testimone sulla sua comparizione nel caso in cui il processo abbia luogo. Non è vero che il testimone pensa che il processo non si aprirà (risposta A), che si è appena presentato in tribunale (risposta B) e che potrebbe presentarsi (risposta C). Egli non vuole apparire: la risposta giusta è la D.

60 I figli non devono pagare per gli errori dei genitori: non significa che i figli pagano spesso per gli errori dei secondi (risposta A), né che non sono costretti a farlo (risposta C), né che è meglio che essi non li paghino (risposta D). La risposta giusta è la B. *To be expected* ha un significato simile a *should*, infatti.

61 Secondo il testo dell'esercizio, dopo settimane di discussioni il Parlamento ha raggiunto un accordo (ci sono volute settimane di colloqui affinché il Parlamento raggiungesse un accordo). Quindi, tutto è già successo: si escludano le risposte A, B e C (le prime al presente, la terza al passato). La risposta corretta è la D.

62 *Every now and then* corrisponde a *ogni tanto, di volta in volta*, che significa compiere un'azione quando capita, non sempre, ma non per forza raramente: si possono così escludere le risposte A e B. Data l'indeterminatezza di questo modo di dire, risultano errate anche le risposte D ed E (tra due settimane; una volta ogni due settimane). La risposta esatta è la C, che corrisponde a un'espressione sinonimica di *every now and then* e significa letteralmente *una volta ogni tanto*.

63 *Not until* significa non prima e richiede l'inversione del soggetto e del verbo (o ausiliare o modale). Il fenomeno di cui si parla (la deforestazione massiccia) si è manifestato a partire dal XX secolo (*the XX century*) e non si è mai verificato prima: questo concetto è espresso nella risposta E, quella corretta. È sbagliato affermare che il fenomeno ha avuto luogo prima del XX secolo (risposta A), o all'inizio del XX secolo (risposta B), o il secolo precedente (risposta C), o in futuro (risposta D).

64 Se Michael chiede *hai idea di chi possa essere stato?*, vuol dire che sta indagando, per rispondere a un proprio dubbio; non si sa cosa Michael pensi delle conoscenze del suo interlocutore, quindi si possono scartare le risposte A, B e C. La risposta giusta è la D.

65 Il tour operator consiglia di fare il check in entro (*by*) le 7.30 al più tardi (*at the latest*). Pertanto, è possibile fare il check in fino a quell'ora, prima, ma non certo dopo (risposte B e D); non è espresso l'obbligo di fare il check in proprio alle 7.30 (risposta A). La risposta giusta è la C.

66 *Needn't* seguito da infinito senza *to* vuol esprimere la non-necessità di compiere un'azione. Pertanto, *they* non sono costretti a disturbarsi a venire a trovare *me*. La risposta esatta è la C.

67 *No sooner... than* viene usato per indicare un'azione, o situazione, avvenuta o verificata immediatamente dopo un'altra; in questo caso la folla si è radunata non appena la polizia è sopraggiunta. La risposta giusta è la B.

68 Il resoconto di Paul è stato fatto in passato (*Paul said and remembered*) e si riferisce a un momento ancora precedente (*had finished working, having put*). Si escluda quindi la riposta B. Nelle alternative C e D non è rispettato lo stesso ordine dell'azione della frase principale: nel primo caso tutto accade nel medesimo momento del resoconto, nel secondo Paul si riferisce a un'azione futura rispetto al momento in cui sta parlando (*would put*). La risposta giusta è la A.

69 La forma passiva esprime ciò che in italiano è solitamente espresso da una forma impersonale: *hijackers are not thought to* può significare *si pensa che i dirottatori*. In tale frase non viene quindi espressa alcuna certezza su cosa abbiano fatto o faranno i dirottatori, né alcun giudizio o ipotesi. La risposta giusta è dunque la A.

70 La frase sottolineata significa: *E se non lo fosse?*. Si tratta quindi dell'espressione di un'ipotesi, dell'invito a ipotizzare una realtà diversa. Tra le alternative proposte quella che esprime un tale invito è la A, frase retta dal verbo *to imagine*.

71 *Despite* vuol dire *nonostante*, *still needs to be done* significa deve ancora esser fatto. Da questo si evince che le misure promesse non sono abbastanza convincenti: la risposta giusta è la B. Le risposte A e C esprimono il significato contrario; il concetto espresso dalla D non si può dedurre dal testo.

72 *To figure out* significa cercare di *capire, analizzare*; *to deal with* vuol dire affrontare: le risposte A e C pongono l'accento sulla conoscenza del motivo della crisi (concetto non espresso nel testo dell'esercizio); la risposta B afferma il contrario (qualcuno sa come affrontare). La risposta corretta è la D: *to face* è sinonimo di *to deal with*.

73 George è sempre stato felice di non essere un russatore, almeno fino a poco tempo fa, quando la moglie gli ha detto che in realtà lo è. Si tratta quindi di individuare la deduzione logica conseguente. È falso dire he George non è un russatore (dato che la moglie afferma il contrario): si escluda la risposta A; recentemente George ha capito di essere un russatore, ma non si sa se lo sia diventato recentemente: si escluda la risposta C; la risposta D è smentita dall'affermazione della moglie. La risposta corretta è la B.

74 *To want for nothing* significa *non desiderare nulla*. La risposta corretta è la B.

75 B dà un suggerimento ad A: sperimentare nuove regole. Non è una proposta che coinvolge anche B (come vorrebbe l'imperativo della risposta A); non è una domanda rivolta per avere conferma di un'informazione (risposta B); B non vorrebbe fissare nuove regole (risposta C), suggerisce soltanto di stabilirne di nuove. La risposta giusta è la D.

76 Dopo la morte di Alfred Nobel ci sono voluti cinque anni perché i premi venissero elargiti, dal momento che si doveva capire come procedere: questo è il significato del testo. Non è detto che la morte di Nobel giunse inaspettata (risposta A), né che le accademie/commissioni furono nominate cinque anni dopo (risposte B e D). La risposta giusta è la C.

77 *To get used to* significa abituarsi. Il soggetto non riesce ad abituarsi, quindi trova difficile vivere in questa area così inquinata: la risposta giusta è la B. Secondo la A è difficile andare a vivere in un'area inquinata; secondo la C il soggetto non ha mai abitato in un'area inquinata; e nella D è scritto che era abituato a vivere in un'area inquinata.

78 Il periodo ipotetico esprime una situazione ormai irrealizzabile, dati i tempi verbali (condizionale passato nella principale e *past perfect* nella subordinata introdotta da *if*): la risposta B è quindi sbagliata (tempo futuro). Le piante non sono state messe in un posto soleggiato e non sono cresciute lussureggianti: anche le risposte A e C sono quindi errate. La risposta giusta è la D.

79 Il concetto espresso nella frase (non lo lascerò decidere per me a meno che la sua proposta non sia vantaggiosa) equivale a questo: se la sua proposta è vantaggiosa lo lascerò decidere per me, ovvero la proposta deve esser vantaggiosa perché io lo lasci decidere, questo consente di individuare la risposta corretta nella A.

80 Gli studenti avranno dato gli esami entro la fine dell'anno scolastico; pertanto, gli esami avranno luogo entro, ovvero prima della fine, dell'anno, non alla fine (A), né dopo (C). La risposta giusta è la B.

81 Ross ha un anno in più di Muriel (venticique contro ventiquattro), quindi, è più grande di Muriel. Il concetto si può esprimere con un comparativo di maggioranza (*Ross is older than Muriel* o *Muriel is younger than Ross*); o di minoranza (*Muriel is less old than Ross* o *Ross is less young than Muriel*). Altre soluzioni non sono accettabili. La risposta esatta è la **B**.

82 "Jane non ha animali domestici" non vuol dire che Jane ne abbia qualcuno (*she has got some pets*), né necessariamente che ne vorrebbe uno (*Jane would like a pet*): si possono escludere le risposte **A** e **D**. Bisogna esaminare la struttura grammaticale della frase: c'è un verbo in forma negativa (*hasn't*) e il partitivo *any*. La negazione può essere ottenuta anche soltanto con un partitivo che neghi il verbo alla forma affermativa; *no* ha tale funzione, come aggettivo. La risposta corretta è la **B**.

83 La traduzione della frase sottolineata è: *sono piuttosto stanco oggi*. Essere stanco non fa dedurre che il parlante voglia giocare (risposte **A** e **B**), né che non gli piaccia giocare (risposta **C**), né che non veda l'ora di giocare (risposta **E**). Piuttosto, egli sente di aver bisogno di una dormita: la risposta esatta è la **D** (*I feel that I need a rest*).

84 *Would you mind if* seguito da un verbo al *simple past* è un modo molto cortese e formale per chiedere un permesso; *to mind*, in questo caso, significa *dispiacersi*, e la domanda si traduce *ti dispiarebbe se arrivassi un po' dopo?* (in inglese è un periodo ipotetico di secondo tipo, con il condizionale presente nella frase principale e il *simple past* nella frase subordinata). Non è una richiesta di informazioni, né di aiuto, né un'indagine sui gusti degli altri: si possono escludere le risposte **A**, **C** e **D**. La risposta esatta è la **B**.

85 Il verbo *to bear* significa *sopportare, tollerare*: Jenny non sopporta più Catherine. La risposta esatta è la **A**, dal momento che le altre non esprimono questo significato, ma vanno oltre, suggerendo implicazioni o deduzioni al fatto che l'una non sopporti più l'altra: Jenny si rifiuta di rivedere Catherine (risposta **B**), Jenny e Catherine non sono mai andate d'accordo (risposta **C**), Catherine si comporta male (risposta **D**), Catherine fa del suo meglio per andare d'accordo con Jenny (risposta **E**).

86 *Hai l'aria stanca. Perché non prendi un paio di giorni liberi?* non vuol dire che il destinatario di questo consiglio debba essere malato (risposta **A**), né che debba essere sembrato esausto (risposta **B**), né che farebbe meglio ad andare al lavoro (risposta **C**). La risposta esatta è la **D**: dovrebbe dedicare un po' di tempo alla sua salute.

87 *To make someone to do something* significa *costringere qualcuno a fare qualcosa*, ovvero *to force someone to do something*: la risposta esatta è la **A**. Le altre significano: alla fine sono stato convinto a farlo (risposta **B**), ho fatto in modo che venisse fatto (risposta **C**), ho capito che avrei fatto meglio a farlo (risposta **D**), che implicano la volontà del parlante di agire per propria volontà o per persuasione.

88 La metafora *to be like water off a duck's back* traduce *non fare né caldo né freddo* (esattamente come il piumaggio di un'anatra la rende impermeabile all'acqua), cioè può lasciare del tutto indifferenti. Quindi, i miei suggerimenti sono stati del tutto inefficaci: la risposta corretta è la **B**. Le altre soluzioni esprimono il significato opposto: hanno avuto qualche effetto (risposta **A**), hanno seguito i miei consigli con successo (risposta **D**); oppure ne esprimono interpretazioni aggiuntive: mi hanno detto che avrei fatto meglio a farmi gli affari miei (risposta **C**).

89 Siccome la domanda è dubitativa (poteva davvero essere così disonesto come Lucy dichiarava in tribunale?) non si possono trarre conclusioni certe riguardo a *he*. Quindi, si possono escludere la risposta **A** (che afferma che egli non era certamente degno di fiducia, disonesto), la risposta **B**, secondo cui egli sarà disonesto, la risposta **C**, per cui Lucy ha affermato che poteva fidarsi di lui, e la risposta **E**, che suggerisce un significato non implicito nell'affermazione (egli ha mentito in tribunale). La risposta esatta è la **D**: Lucy ha affermato che egli era disonesto ma noi non sappiamo la verità.

90 *What's the point of his saying that?* significa *qual è il senso*, l'importanza, la ragione del suo discorso?: la risposta esatta è la **C** (quel che dice non mi è chiaro). Sono da escludere la risposta **A** (capisco cosa dice) e la risposta **B** (il senso del suo discorso è chiaro) perché mettono l'accento sulla totale comprensione dell'enunciato o del concetto espresso. La risposta **D** (cosa vuole aggiungere?) e la risposta **E** (perché sta gridando contro di me?) sono anch'esse da escludere perché non esprimono in alcun modo il significato della domanda.

91 Il gerundio che segue *to stop* indica che l'azione espressa è costante, ripetuta; pertanto, la persona a cui è rivolto l'ordine dice sempre bugie. La risposta esatta è la **B**.

92 La frase corrisponde a un periodo ipotetico di primo tipo, quindi a una possibilità per il futuro, come suggerisce correttamente la risposta **D**.

93 *To outnumber* significa superare in numero, in quantità; quindi, il nostro gruppo è più numeroso del vostro: la risposta giusta è la **A**.

94 Di questa affermazione bisogna individuare la provenienza, quindi chi la pronuncia. Il verbo *take* e il punto esclamativo suggeriscono un imperativo, un ordine: in tal caso, il verbo introduttivo di questa frase non può che essere *order* (*state* significa afferma, *suggest* vuol dire *suggerire*, *think* significa *pensare* e *ask* vuol dire *chiedere*). La risposta corretta è la **B**.

95 Il testo dell'esercizio corrisponde a un periodo ipotetico di secondo tipo, quindi della possibilità per il tempo presente: si escludano le risposte **B** (esprime un futuro) e **C** (esprime un obbligo per il tempo presente). Le risposte **A** ed **E** vanno oltre il significato della frase (farei bene a chiedere un prestito; non ho bisogno di chiedere un prestito). La risposta giusta è la **D**.

96 Il superlativo assoluto *the most exciting* qualifica la *story* come la più emozionante mai sentita dal parlante in vita sua: la risposta corretta non può che essere la **D**.

97 Il motivo per cui si prendono le scale è il mancato funzionamento dell'ascensore. La risposta esatta è la **C**.

98 *Turn the other way round* vuol dire *rovesciare, ribaltare*, quindi *make it face the other way*: la risposta esatta è la **C**.

99 *To make both ends meet* vuol dire *sbarcare il lunario*. Il soggetto *he*, quindi, non ha ricevuto un'istruzione perché aiutava la famiglia a guadagnare il necessario per vivere. La risposta esatta è la **A**.

100 Il soggetto non riesce a ricordare di aver spedito il messaggio, pertanto si può definire *forgetful*: la risposta esatta è la **B**.

3 Lessico

Il lessico è quella parte di una lingua costituita da vocaboli più o meno specifici, che più facilmente si tende a dimenticare, se non praticata. Per favorire un ripasso o il migliore apprendimento del lessico – soprattutto quello legato all'attualità, ovvero quello che muta velocemente anche in relazione a nuove scoperte tecnologico-scientifiche, mode e costumi – è bene leggere riviste e quotidiani, consultare i siti di informazione o libri e documenti.

Si tenga sempre presente, però, l'origine delle fonti, ovvero la distinzione tra British English e American English. L'American English penetra con molta più facilità nella vita odierna, con modifiche all'ortografia e alla pronuncia delle parole "British", e con numerosi neologismi. Le differenze fondamentali tra le due varietà riguardano pertanto lo *spelling* e la pronuncia, ma anche l'uso dei tempi e dei modi verbali, la coniugazione di alcuni verbi, alcune scelte sintattiche e il lessico. Nell'elenco che segue si riportano le principali differenze.

Ortografia

A differenza del British English, nell'American English:

- non esiste la variante *-ise* per i verbi che nel British English terminano anche in *-ize* (*realize*);
- terminano in *-ter* le parole che terminano in *-tre* nel British English (*theater, center*);
- terminano in *-or* le parole che nel British English finiscono per *-our* (*color*);
- terminano in *-og* le parole che nel British English finiscono per *-ogue* (*dialog*);
- terminano in *-m* le parole che nel British English finiscono in *-mme* (*program*);
- terminano in *-se* le parole che nel British English finiscono in *-ce* (*practise*).

Grammatica

Quanto alle regole di grammatica, nell'American English:

- si preferisce l'uso del *simple past* al *present perfect*;
- si attribuisce al verbo *to have* l'ausiliare *do*;
- esistono paradigmi diversi per i verbi *to get* (*get, got, gotten*), *to learn* e *to dream* (coniugati come verbi regolari);
- alcuni aggettivi hanno funzione avverbiale;
- si usa *like* al posto di *as if*;
- si usano preposizioni diverse dopo alcuni verbi (*to meet with someone*).

Lessico

Molte parole dallo stesso significato sono del tutto diverse nelle due varianti dell'inglese. Nella tabella seguente vengono riportati alcuni esempi.

ITALIANO	BRITISH ENGLISH	AMERICAN ENGLISH
appartamento	flat	apartment
bar	pub	bar
taxi	taxi	cab
lattina	tin	can

ITALIANO	BRITISH ENGLISH	AMERICAN ENGLISH
caramelle	sweets	candies
biscotti	biscuits	cookies
matto	mad	crazy
ascensore	lift	elevator
gomma	rubber	eraser
autunno	autumn	fall
autostrada	motorway	expressway
benzina	petrol	gas
bidello, commesso	caretaker	janitor
cassetta delle lettere	postbox	mailbox
film	film	movie
pantaloni	trousers	pants
patatine	crisps	potato chips
calendario, orario	timetable	schedule
marciapiede	pavement	sidewalk
negozio	shop	store
rotonda	roundabout	traffic circle
spazzatura	rubbish	trash
vacanza	holiday	vacation

In questo capitolo sono presenti esercizi atti a verificare la conoscenza dei vocaboli nonché delle espressioni idiomatiche più frequenti della lingua inglese.

Gli esercizi consistono nel completamento di frasi (tipologia *Fill in the blanks*) e nell'individuazione del corretto significato di un termine o di una frase, del sinonimo o del contrario di un termine dato, o del termine che completa la proporzione tra parole.

3.1 | Esercizi

Fill in the blanks with the right word or words.

1 **_____ theorists, bank crisis will persist.**

A Thanks to
B Owing to
C According to
D Second

2 **How can you listen to music _____ studying?**

A while
B meantime
C as
D on

3 **The president's office in the White House has an oval shape. _____ the name "Oval Office".**

A Within
B Underneath
C So is
D Hence

4 **We won the competition. _____ we were offered a contract.**

A More
B In addition
C Beyond
D Nevertheless

5 **_____ there was a dear little girl called Little Red Riding Hood...**

A Once a time
B Once upon a time
C A time
D One time

6 **The child carelessly poured the acid onto the floor _____ causing serious damage to the parquet.**

A then
B thus
C so that
D so as to

7 **It _____ weeks to get her to take part in the competition.**

A wanted
B took
C needed
D could

8 **Doctors made many _____ to make that vaccine more available.**

- A trials
- B attempts
- C temptations
- D orders

9 **He was asked to be more polite _____.**

- A as many times
- B more once
- C many times over
- D over many times

10 **After that bad mistake of his, his medical _____ was questioned.**

- A skillful
- B custom
- C practical
- D expertise

11 **He always takes things _____.**

- A random
- B for granted
- C by chance
- D better

12 **Racism is _____ still today.**

- A well and good
- B alive and well
- C well
- D on

13 **She is a _____ and _____ girl.**

- A blond-haired, brown-eye
- B blond-hair, brown-eye
- C blond-haired, brown-eyed
- D hair-blond, eye-brown
- E hair-blonded, eye-browned

14 **"That's all. I don't think I've anything _____ to say".**

A most B again C farther D further E next

15 **He was very disappointed with her and _____ all kinds of arguments against her.**

A gave B started C showed D produced E discussed

16 **Read that _____ there! You must keep off the grass!**

A notice B ad C spot D cartel E warning

17 **In 1929 the first step towards economic _____ was the Wall Street _____.**

- A downfall, fall
- B collapse, Stock Exchange
- C recession, crash
- D ruin, fall
- E recession, fall

---

18 **The _____ of our policy is to _____ industrial production.**

- A goal, booming
- B aim, foster
- C objective, arouse
- D goal, rise
- E aim, raising

---

19 **My grandfather has recently _____ the illness but still suffers from heart and circulatory _____.**

- A recovered from, disturb
- B treated, disturb
- C got over, disorder
- D cured, disorder
- E been treated, disorder

---

20 **The President seemed to be _____ power and to have lost all _____ of rationality.**

- A full of, sense
- B plenty of, feeling
- C charged with, concept
- D drunk with, ideas
- E drunk with, sense

---

21 **_____ our warning, you didn't respect the rules. _____ we are compelled to sanction you. _____ we will decide whether to expel you from the association.**

- A In spite of, Therefore, Moreover
- B Although, Consequently, In addition
- C Even though, Conversely, Then
- D Though, So, After that
- E Despite, Then, After

---

22 **Discoveries such as heliocentrism, electricity and genetic code are some of the great _____ of human intellectual development.**

- A achievements
- B milestone
- C acknowledgements
- D fulfilment
- E threshold

23 **Nowadays a lot of things must be done to restore the _____ of Nature. The WWF was _____ on this _____.**

- **A** budget, set up, purpose
- **B** balance, founded, purpose
- **C** equilibrium, created, aim
- **D** balance, established, object
- **E** right, established, idea

24 **This newspaper gives you a revealing _____ on the _____ that matter.**

- **A** point of view, thing
- **B** page, problems
- **C** opinion, matter
- **D** thought, issue
- **E** perspective, issues

25 **The conference was called off _____ of a sudden fire.**

- **A** because
- **B** due
- **C** owing
- **D** in spite

26 **Experts were _____ of the new fiscal law.**

- **A** highly critics
- **B** sharply critical
- **C** strong criticism
- **D** deep critical

27 **The royal family received a _____ when visiting our country.**

- **A** depth welcome
- **B** warmly welcomed
- **C** warm welcome
- **D** favourite welcome

28 **Mr Black gave no names when he made his _____ of interference.**

- **A** accuse
- **B** accusation
- **C** accusing
- **D** accuses

29 **Yesterday's agreement was a _____ towards a banking union.**

- **A** equal step
- **B** key step
- **C** huge
- **D** basic

30 **The people in the square moved like a _____.**

- A herd
- B box
- C cow
- D hamster

31 **The teacher was fooled by a _____.**

- A wax
- B hoax
- C throat
- D thumb

32 **She likes wearing _____ shoes.**

- A far high
- B sky
- C heels
- D high-heel

33 **My brother is very sociable. Everyone says he's so _____.**

- A stubborn
- B outgoing
- C selfish
- D mean

34 **My job is so boring. I think I'll look for a more _____ one.**

- A annoying
- B uspetting
- C extrovert
- D challenging

35 **Greece has received some _____ funds from the EU to get over the financial crisis.**

- A banking
- B economic
- C bailout
- D sustainable

36 **They decided to sell their valuable pictures _____.**

- A by heart
- B an estimate
- C in a tender
- D at auction

37 **At the exam I was asked a short analysis of the current _____ in the financial markets.**

- A start up
- B habit
- C rash
- D turmoil

38 **Big companies tend to _____ small ones.**

- A take from
- B take on
- C take off
- D take over

39 **My parents wish they could make their house _____.**

- A over
- B off
- C best
- D to

40 **It's an awful day. Winter is _____.**

- A drawing in
- B coming in
- C looking forward
- D approach

41 **Refugees _____ returning to their homeland.**

- A look forward
- B struggle
- C dream of
- D try to

Find the synonym of the underlined word(s).

42 **After the heart attack his wife <u>pressed</u> him to take a long period off work.**

- A urged
- B insisted
- C found
- D exploited

43 **Yesterday we had a meeting with the boss. Mr Foulkner dismissed, <u>by the way</u>.**

- A by chance
- B incidentally
- C you know
- D by accident

44 **He <u>keeps on</u> thinking that no true friendship is possible.**

- A begins
- B persists in
- C may be
- D would rather

45 **If you <u>worked out</u> the reason of your insecurity you might feel more self-confident.**

- A improved
- B understood
- C decreased
- D knew

46 **Country lifestyle is healtier than city lifestyle in many respects.**

- A for many reasons
- B in my opinion
- C in points of view
- D for instance

47 **During the conference the environmentalists stressed the need of a change in social customs.**

- A highlighted
- B described
- C checked out
- D urged

48 **After the Second World War Western governments cooperated to get law and order.**

- A democracy
- B harmony
- C peace
- D justice

49 **They've been discussing the matter for two days and will soon put forth their conclusions.**

- A take back
- B establish
- C agree on
- D write down

50 **What an exciting film! I was touched to the core.**

- A by heart
- B and cried
- C very strongly
- D and burst into tears

Find the right meaning of the following word(s).

51 **Estate agency**

- A An agency founded by the government
- B An agency that sells and rents houses and buildings
- C An agency that works in summer
- D An agency organizing summer holidays
- E An agency offering temporary job

52 **Narrow-minded**

- A Someone whose head is narrow
- B Someone who's willing to discuss
- C Someone who's willing to believe in others' ideas
- D Someone who tolerates people
- E Someone who won't accept any idea but theirs

53 **Remote control**

- A A radio or electronic signal to control TV or any machine from a distance
- B A television system used within a limited area to film what happens
- C A radio used to communicate with someone at a distance of lots of metres
- D To tail someone you are making investigations about

54 **Luncheon voucher**

- A Someone who organized promotional campaigns for a company
- B A piece of paper used to get a reduction when doing shopping
- C A piece of paper used to pay meals in a restaurant
- D A room where you can sit and relax
- E Someone who's shabby and wears worn clothes

55 **Vacuum cleaner**

- A A soap used to clear away grease stains
- B Someone who has been appointed to fill a role that nobody fits adequately in an organization
- C An electric machine which removes dirt by sucking it
- D A machine that does the washing-up
- E A machine that does the washing

56 **Dependent**

- A Someone who works in a company
- B Something that depends on something
- C Someone who employs people
- D Someone who depends financially on someone else
- E Someone who needs a nurse

57 **To give the nod**

- A To hit someone violently
- B To give permission for something to be done
- C To prevent someone from doing something
- D To forbid something
- E To state one's opinion

58 **Rash**

- A A skin eruption
- B A sudden increase in someone's feelings
- C To hurry up
- D To scratch a window
- E A busy period during the day

59 **To acquit**

- A To let someone free to do what they want
- B To buy something
- C To learn a professional skill
- D To declare that someone did not commit a crime

Find the wrong synonym of the word(s).

60 **Spirit**
- A Ghost
- B Phantom
- C Alcoholic Drink
- D Vigour
- E Wit

61 **Match**
- A Combination
- B Couple
- C Competition
- D People

62 **To look at**
- A To see
- B To perceive
- C To observe
- D To notice
- E To watch

63 **To state**
- A To claim
- B To affirm
- C To assert
- D To establish
- E To say

64 **Firm**
- A Concern
- B Company
- C Organization
- D Business
- E Industry

65 **To shine**
- A To dazzle
- B To twinkle
- C To sparkle
- D To light
- E To bright

Find the right synonym of the following expressions.

66 **Is she <u>by any chance</u> Jack's new girlfriend?**
- A possibly
- B of course
- C no doubt
- D incidentally

67 **<u>Due to</u> a general strike, shops will be closed all day.**
- A Depending on
- B Owing to
- C In case of
- D Despite

68 **"How are we paying the bill?" "<u>Let's go Dutch</u>!"**
- A You're my guest
- B Let's ignore it
- C Let's postpone it
- D Let's split it

Find the opposite of the word given.

69 **To rise**

A To arise
B To increase
C To decrease
D To fall
E To reduce

70 **Zenith**

A Depths
B Peak
C Height
D Summit
E Success

3.2 | Soluzioni e commenti

1 Le soluzioni proposte significano grazie a (*thanks to*, risposta A), a causa di (*owing to*, risposta B) e secondo (*according to*, risposta C); *second* (risposta D) vuol dire *secondo*, aggettivo numerale ordinale, fuori luogo nella frase da completare. I teorici non hanno potere di far perdurare una crisi bancaria, quanto piuttosto quello di esprimere un'ipotesi; l'alternativa più opportuna è quindi la C.

2 Nella frase manca qualcosa che metta in relazione l'attività di studiare e quella di ascoltare musica. Le alternative *as* (C) e *on* (D) non sono compatibili con la frase; *meantime* (B) è preceduto da *in the*, e significa nel frattempo, nell'intervallo tra due eventi. La risposta corretta è la A: mentre.

3 Leggendo le due frasi si deduce che la seconda esprime un concetto conseguente a quello espresso nella prima: data la forma ovale dell'ufficio, il suo nome è *Oval Office*. La conseguenza è introdotta da *so*, *hence*. La risposta C non è corretta perché *so* è seguito erroneamente da *is*. La risposta giusta è la D.

4 Dalle alternative proposte si intuisce che la seconda frase offre un'informazione aggiuntiva, legata da una congiunzione coordinante come *and*, *moreover* o *in addition*. *Beyond* (C) significa oltre, al di là; *nevertheless* (D) vuol dire ciò nonostante. La risposta esatta è la B.

5 La frase è l'incipit della nota favola di Cappuccetto Rosso, come si può intuire dal soggetto *little girl called Little Red Riding Hood*. C'era una volta si traduce *once upon a time*, risposta B.

6 La seconda frase esprime la conseguenza di quanto accade nella prima: l'acido rovesciato ha prodotto un danno al parquet. La conseguenza è introdotta da *thus*, "quindi". La risposta esatta è la B. Anche *so that* può introdurre una frase di questo tipo, ma è seguito dal soggetto e dal verbo coniugato a un tempo definito, non alla forma in *-ing*.

7 Il verbo mancante traduce l'italiano *volerci*: ci sono volute settimane per convincerla a prender parte alla gara. In inglese si usa il verbo *to take* con soggetto impersonale (*it*). La risposta esatta è la B.

8 *Trials* (risposta A) significa *processi giudiziari*; *attempts* (B) significa *tentativi*, *temptations* (C) sono le *tentazioni* e *orders* (D) significa *ordini*. La parola che completa opportunamente la frase è *attempts*, sinonimo di *efforts*, risposta B.

9 Dalle risposte suggerite si intuisce che la richiesta di usare maggiore educazione è stata fatta "più volte": *many times over*, risposta C.

10 Il sostantivo che manca è *expertise*, risposta D. *Skillful* (risposta A) e *practical* (risposta C) sono aggettivi; *custom* (B) è la pratica ovvero l'*abitudine*, un costume, un'usanza. Nel caso di un medico, ci si riferirà alla sua esperienza e perizia: *expertise*.

11 Per risolvere l'esericizio bisogna conoscere l'espressione *to take things for granted*, ovvero dare le cose per scontate. La risposta giusta è quindi la B.

12 Per dire che qualcosa sopravvive o è in uso si può usare l'espressione *alive and well*, risposta B. Le soluzioni fornite nelle altre risposte non sono corrette. *Well and good* (risposta A) non ha significato idiomatico.

13 Spesso in inglese accade che i sostantivi fungano da aggettivi, davanti ad altri sostantivi, se a essi viene aggiunto il suffisso *-ed*: questo succede soprattutto nella descrizione fisica di una persona (*-haired*, *-eyed*). Si possono escludere le risposte **A**, **B** e **D**. Se questi sostantivi fungono da aggettivo, qualsiasi altro aggettivo a loro riferito li precederà comunque. La risposta corretta è, dunque, la **C**.

14 *Again*, nuovamente, sottolinea la ripetizione di un'azione, quindi di un verbo, ma in questo caso non è accettabile. *Next* significa prossimo, successivo, aggettivo o pronome, ma non è corretto nella frase. *Most* è il superlativo di *more* (aggettivo che potrebbe essere corretto nella frase). *Farther* è da scartare perché significa ulteriore in termini di spazio. *Further* (risposta **D**) significa ulteriore in termini di quantità o di tempo ed è la risposta corretta.

15 *Arguments* (*ragioni* o *contrasti*, *controversie*) sarà opportunamente preceduto da un verbo che significhi *presentare*, *esporre*. *To discuss* è chiaramente fuori luogo, poiché significa *discutere*, *dibattere* e in genere è seguito dalla parola *matters* (questione, argomento). *To give* significa *dare*, *consegnare*; anche *to show* (riferito a qualità o a cose concrete) è troppo vago. La risposta corretta è la **D**: *to produce* significa, appunto, *esporre*, *presentare*.

16 *Ad* è l'abbreviazione di *advertisement*, che significa *pubblicità*; *spot* è la *réclame pubblicitaria*; *cartel* è il *cartello*, il *consorzio* tra società; *warning* è un *avvertimento*, un avviso di pericolo, allarme. La risposta corretta è *notice* (**A**), che significa *avviso*.

17 *Fall* e *crash* sono simili: significano *caduta, crollo*, e *crash* esprime meglio una caduta rovinosa, disastrosa, tanto più che il crollo della Borsa (*Stock Exchange*) di Wall Street viene definito proprio *the Wall Street Crash*. In economia si parla di due fasi alterne, espansione e recessione, e quest'ultima parola si traduce proprio *recession*. La risposta corretta è la **C**.

18 *Scopo, obiettivo* si può tradurre *goal*, *aim* o *objective*. La scelta della risposta dipende dal verbo che segue. *Booming* non è la forma corretta: *to boom* sarebbe stato corretto. *To arouse* significa *suscitare*, scatenare emozioni o sentimenti. *To rise* significa *aumentare, crescere* ma è intransitivo è non può essere seguito da un complemento oggetto. *To raise* vuol dire *far crescere, aumentare*, ma la risposta **E** è sbagliata perché il verbo è al gerundio. La risposta corretta è la **B**: *to foster* vuol dire *incoraggiare, stimolare*.

19 *Guarire* si può dire *to recover from*, *to get over*; *to cure* significa *far guarire* qualcuno, ma in questo caso il nonno non ha fatto guarire nessuno (si può escludere la risposta **D**). La risposta corretta è la **C**, dal momento che *disturbo* si dice *disorder* (*disturb* è la forma base del verbo *to disturb*).

20 Se il presidente ha perso la razionalità, evidentemente dà l'impressione di vivere un rapporto negativo con il potere. Non avrebbe senso dire che sembra pieno di (*full of*) potere o accusato di (*charged with*) potere. *Plenty of* non vuol dire pieno di, ma *abbondanza di*: si può escludere anche la risposta **B**. *To be drunk with power* è un'espressione metaforica che significa *ebbro di potere*. La risposta corretta è la **E**, dato che si può perdere il senso della razionalità.

21 La persona alla quale viene fatto il discorso non ha rispettato le regole sebbene sia stata avvisata (*our warning*). *Nonostante* si può tradurre in diversi modi; in questo caso, siccome è seguito da una frase nominalizzata (senza il verbo), si può tradurre *in spite of* o *despite*; *although*, *though*, *even though* (sebbene, benché, anche se) sono seguiti da una frase con un verbo. Si escludano le risposte **B**, **C** e **D**. Nella seconda frase viene espressa una conseguenza: *consequently*, *therefore*, *so*, *then* sono corretti, anche se gli ultimi due appartengono a un registro colloquiale. *Conversely* significa al contrario. Nell'ultima frase si aggiunge una considerazione: *moreover*, *in addition* o *then* sono corretti. La risposta corretta risulta essere la **A**.

22 *Achievement* è un traguardo raggiunto con sforzi, la realizzazione di un obiettivo (significato attribuibile anche a *fulfilment*); *acknowledgement* è la *presa di coscienza*, o l'ammissione, il riconoscimento di qualcosa; *threshold* è la *soglia*, il *limite*, anche in senso metaforico; *milestone* è una *pietra miliare*, un evento fondamentale nella storia o nello sviluppo di qualcosa. Siccome è chiesto un sostantivo plurale, e *acknowledgements* non è la parola giusta, la risposta esatta è la **A**.

23 Il termine *equilibrio*, quando riferito a un sistema, o alla natura, si traduce *balance*; *budget* è il *bilancio* in termini economici; *equilibrium* è la condizione paritaria, l'*equilibrio* esistente tra le varie influenze o i vari aspetti di una situazione. Il WWF è un'associazione nata con l'intento di preservare l'equilibrio della natura: *to set up* significa *stabilire, istituire*, *to create* significa *creare, realizzare*, *to establish* significa *stabilire, creare* o *istituire*, come *to found*, *fondare*: sono tutti sinonimi, sebbene i primi due siano meno formali. Il *proposito*, l'intenzione si traduce *purpose*, e con questa intenzione si dice *on this purpose*. La risposta corretta è la **B**.

24 *Point of view*, *opinion*, *perspective* sono sicuramente più opportuni di *page* (pagina) e *thought* (pensiero, riflessione). Poiché il verbo è al plurale (*matter*) il sostantivo mancante è plurale. La risposta esatta è quindi la **E**.

25 Per completare la frase è necessario scegliere una locuzione che introduca il complemento di causa: *because of*, *due to*, *owing to* (*in spite of* significa nonostante, e non è logico all'interno dell'esercizio) sono le possibilità. La risposta giusta è pertanto la **A**.

26 *Critics* vuol dire *critica*, *critical* è un aggettivo e vuol dire *critico*, *criticism* è l'*osservazione* critica specifica. Dopo il verbo *to be* ci sarà un aggettivo o un avverbio di modo, ma tra *sharply critical* e *deep critical* l'espressione corretta è la prima, risposta **B**.

27 *Accoglienza* si dice *welcome*; *essere accolti* si dice *to be welcomed*. In questo caso la famiglia reale ha ricevuto un'accoglienza calorosa, ovvero *warm*. *Depth welcome* (**A**) è errato anche perché *depth* è sostantivo e non aggettivo; *warmly welcomed* (**B**) è un'ulteriore forma verbale (sebbene manchi l'ausiliare *to be*); *favourite welcome* non è un'espressione corretta. La risposta giusta è la **C**.

28 *Accusa* si dice *accusation*, quindi la risposta corretta è la **B**.

29 Alla frase manca un sostantivo, con o senza aggettivo. *Huge* (**C**) vuol dire enorme ed è aggettivo; *basic* (**D**) vuol dire *fondamentale* ed è aggettivo. *Equal step* vuol dire passo pari a, *key step* significa *passo fondamentale*. La risposta esatta è la **B**.

30 *Herd* (**A**) vuol dire mandria, branco, *box* (**B**) vuol dire scatola, *cow* (**C**) vuol dire mucca e *hamster* (**D**) vuol dire criceto. Senza dubbio la risposta giusta è la **A**.

31 L'espressione *to be fooled by a hoax* significa *subire uno scherzo, essere presi in giro*. La risposta giusta è la **B**. *Wax* (**A**) vuol dire *cera*, *throat* (**C**) vuol dire *gola*, *thumb* (**D**) vuol dire *pollice*.

32 Considerate le alternative, si deduce che alla frase manca il concetto di scarpe alte ovvero con il tacco, che in inglese si dice *high-heel shoes* oppure *high shoes*. La risposta giusta è la **D**.

33 L'aggettivo coerente con *sociable*, che definisce il fratello nella prima frase, dovrà essere verosimilmente un suo sinonimo. *Stubborn* (**A**) vuol dire *testardo*; *outgoing* (**B**) vuol dire *estroverso, socievole*; *selfish* (**C**) vuol dire *egoista*; *mean* (**D**) vuol dire *tirchio, avaro, meschino*. La soluzione al quesito sarà la **B**.

34 *Annoying* (**A**) vuol dire *fastidioso, seccante*; *upsetting* (**B**) significa *sconvolgente, traumatizzante*; *extrovert* (**C**) vuol dire *estroverso, aperto*. La risposta giusta è la **D**: *challenging* vuol dire *stimolante* (*to challenge*: sfidare).

35 *Banking* (A) definisce l'insieme delle *operazioni bancarie* oppure *settore bancario* in generale; l'espressione *economic funds* (B) non avrebbe senso, dal momento che i fondi sono finanziari, non economici; *bailout* (C) significa *salvataggio* in termini finanziari, quindi finanziamento, liquidità; *sustainable* (D) voul dire *sostenibile*, solitamente riferito a *development* (sviluppo sostenibile). La risposta giusta è quindi la C.

---

36 *By heart* (A) vuol dire a *memoria; an estimate* (B) vuol dire *stima, valutazione, preventivo; tender* (C) vuol dire *offerta* (*to put in a tender* vuol dire *fare un'offerta*); *to sell at auction* (D) vuol dire *mettere all'asta*. La risposta giusta è quindi la D.

---

37 *Start up* (A) vuol dire *avvio; habit* (B) vuol dire *abitudine; rash* (C) vuol dire *eruzione cutanea; turmoil* (D) vuol dire *confusione, tumulto, subbuglio*. La risposta giusta è pertanto la D.

---

38 Le grandi società tendono ad acquisire quelle più piccole. Il verbo che completa la frase è *take over*, risposta D. *To take from* (A) vuol dire *prendere da, somigliare; to take on* (B) vuol dire *assumere; to take off* (C) vuol dire *decollare* o *togliere*.

---

39 Si tratta di capire quale preposizione può meglio seguire il verbo *make*. *To make over* (A) vuol dire ristrutturare; *to make off* (B) vuol dire *scappare, fuggire; to make best* (C) è errato, si dice piuttosto *to make s.ing better, migliorare; to make to* vuol dire *andare, recarsi*. La risposta giusta è quindi la A.

---

40 Considerato il verbo *is* si può dedurre che il verbo che segue è alla forma progressiva (*-ing*) oppure al *past participle* (-ed). Si escluda *approach* (*approaching* sarebbe stato corretto). *To draw in* (A) vuol dire *avvicinarsi; to come in* (B) vuol dire *entrare in un luogo* (*is coming* sarebbe stato corretto); *to look forward* (D) vuol dire *non vedere l'ora di*. La risposta giusta è quindi la A.

---

41 *To look forward* (A) vuol dire *non vedere l'ora*, ma deve essere seguito dalla preposizione to + verbo alla *-ing form*. *To struggle* (B) vuol dire *lottare*, ma deve essere seguito da una preposizione (*for* + *-ing form* oppure *to* + infinito). *To dream of* (C) vuol dire *sognare*, ed è seguito da un verbo alla forma in *-ing*. *To try to* (D) vuol dire *cercare di*, ma è seguito da un verbo all'infinito. La risposta giusta è quindi la C.

---

42 *To press* significa *insistere, chiedere con urgenza* (*to urge*). *To insist* (B) è però sempre seguito da *on*; la risposta giusta è quindi la A, *urged*.

---

43 *By the way* introduce un concetto pensato in quel momento e più o meno legato con il momento attuale; può tradurre *a proposito* o *tra parentesi* o *incidentalmente*. Il suo sinonimo è l'avverbio *incidentally*. La risposta corretta è la B.

---

44 *To keep on* significa *continuare a, persistere*: la risposta corretta è la B.

---

45 *To work out* significa cercare di *comprendere, capire, analizzare*. Suo sinonimo è il verbo *to understand*: la risposta giusta è la B.

---

46 Delle alternative suggerite quella che contiene l'espressione sinonimica di *in many respects* è *for many reasons; in many respects* significa *da molti punti di vista*, quindi *per molte ragioni*. La risposta giusta è la A.

---

47 Il verbo *to stress* significa *evidenziare, enfatizzare, come to highlight*: la risposta giusta è dunque la A.

---

48 L'espressione *law and order* è sinonimo di *ordine, armonia*, quindi *harmony*, risposta B. *Peace* (risposta C) è un concetto più ampio.

---

49 *To put forth* significa *metter giù per iscritto* o *far conoscere, divulgare, diffondere*. Dei verbi suggeriti nelle quattro alternative solo *write down* può dirsi sinonimo. La risposta giusta è la D.

50 *To the core* vuol dire *nel profondo, intimamente*. *By heart* vuol dire *a memoria*, mentre le alternative B e D non esprimono lo stesso concetto di *to the core*. La risposta corretta è la C, *very strongly*.

51 *Estate* significa *proprietà, bene immobile*; *estate agency* significa *agenzia immobiliare*: non è fondata dal governo (risposta A), non lavora soltanto d'estate (risposta C) né si occupa di vacanze (risposta D) o di lavoro temporaneo (risposta E). La risposta corretta è la B.

52 L'aggettivo *narrow* significa *stretto*, e *minded* deriva dal sostantivo *mind* (mente). Ora, si può facilmente concludere che l'intero aggettivo non si riferisca all'aspetto fisico (risposta A), bensì definisce una persona mentalmente chiusa, intollerante, non certo *willing* (disposto) *to discuss* o *to believe in others' ideas*: la risposta corretta è la E (una persona che non accetta nessuna idea diversa dalla propria).

53 *Remote control* è il *controllo a distanza*, ovvero qualsiasi forma di controllo radiocomandato o telecomandato: la risposta corretta è la A. La risposta B dà una definizione di *videocamera a circuito chiuso* (*closed circuit television*: un sistema televisivo usato all'interno di una zona limitata per riprendere quello che accade); la definizione C spiega cos'è un *walkie-talkie* (una radio usata per comunicare a distanza); la definizione D corrisponde al significato del verbo *pedinare*.

54 *Luncheon* è un termine un po' desueto per dire pranzo (*lunch*), mentre il *voucher* è un *buono* per acquistare qualcosa: si tratta dei ticket restaurant, espressione assolutamente italiana e incomprensibile per un inglese: la risposta esatta è dunque la C. La definizione A è stata proposta per la somiglianza di suono e di ortografia tra *luncheon* e il verbo *to launch*, *lanciare* (una campagna, un prodotto); l'alternativa B si riferisce a una carta utilizzata per ottenere sconti quando si fanno acquisti; la risposta D è la definizione di *lounge*, altro termine simile a *lunch*, che significa *salone, sala d'aspetto*; infine, la risposta E definisce una persona trasandata, *shabby*.

55 *Vacuum* è l'assenza di aria, uno *spazio sotto vuoto* e *cleaner* deriva dal verbo *to clean*, pulire. Si tratta dell'*aspirapolvere*, che non ha niente a che vedere con la risposta B (una persona chiamata a occupare un posto in un'azienda). La risposta A suggerisce un sapone (*soap*) che elimina macchie di grasso (*greasy stains*); la definizione D si riferisce alla lavastoviglie (*to wash up* significa anche lavare i piatti), mentre la E definisce la *lavatrice*. La risposta corretta è la C: *to suck* significa, appunto, aspirare.

56 Le risposte A e C definiscono colui che lavora in un'azienda, o dipendente, e colui che assume: in realtà, in inglese entrambi i concetti si esprimono con termini che derivano dal verbo *to employ* (assumere), a cui vengono aggiunti i suffissi *-ee* (per indicare chi subisce l'azione, ovvero l'impiegato) e *-er* (per indicare colui che compie l'azione, ovvero il datore di lavoro). L'aggettivo *dipendente*, che indica ciò che dipende da una cosa, si scrive *dependant*: la risposta B è dunque da escludere. La risposta E è errata e quella corretta è la D: *dependent* è una *persona a carico* o *mantenuta*.

57 *To nod* significa *annuire*, quindi *ammettere* o *concedere*; si può dedurre che *to give the nod* significhi dare l'assenso o il permesso di fare qualcosa. La risposta corretta è la B. La A significa *colpire qualcuno con violenza*; la C significa *impedire a qualcuno di fare qualcosa*; la D significa *vietare* e la E significa *esprimere la propria opinione*.

58 *Rash* è un'*eruzione cutanea* sottoforma di puntini o macchioline rosse dovuta a un'allergia o a un'infiammazione: la riposta corretta è la A. Le risposte B, C ed E hanno qualcosa in comune con la parola *rush*: *rush* è un *improvviso afflusso* di sangue o ondata (anche di sentimenti ed emozioni); *to rush* significa *affrettarsi, precipitarsi* come *to hurry up*; l'espressione *rush hour* significa *ora di punta*.

59 Nonostante la somiglianza con il verbo *acquire* (ottenere, acquisire) le definizioni B e C sono errate. *To acquit* significa *assolvere* o *prosciogliere da un'accusa*: la risposta corretta è la D.

60 *Spirit* può significare *spirito* o *fantasma* (*ghost, phantom*: risposte A e B), *bevanda alcolica* (risposta C), ma anche *vigore, forza, intensità* (risposta D). La risposta esatta è la E, poiché *wit* significa *ingegno, intelligenza*.

61 *Match* può esprimere il significato di *gruppo, coppia, unione, combinazione* (risposte A e B), oppure significa *gara, competizione sportiva* (risposta C). La D è quindi la risposta corretta al quesito.

62 *To look at* vuol dire *guardare*: *to see* (vedere), *to watch, to observe, to notice* (osservare) sono sinonimi. La risposta corretta è la B: *to perceive* (percepire) coinvolge tutti i sensi, dalla vista all'udito al sentimento.

63 *To state* significa *affermare, sostenere*, come *to claim, to affirm, to assert*, e, più genericamente, *to say*. La risposta esatta è la D, poiché *to establish* significa *stabilire, istituire, fondare, decidere*.

64 *Firm* significa azienda, e ne sono sinonimi *concern, company* (in termini generici), *organization* e *business*. *Industry* significa settore dell'economia, campo: la risposta corretta è la E.

65 Tutti i verbi suggeriti hanno a che fare con la luce. *To shine* vuol dire *brillare* (come il sole), *splendere*; *to dazzle* significa *abbagliare* (come un faro); *to twinkle* significa *scintillare, brillare* (come le stelle nel cielo, un diamante o una qualsiasi fonte che emette luce a un'intensità irregolare); *to sparkle* significa *luccicare, scintillare*, (come il luccichio del sole che si riflette sul mare, dell'argento, di uno specchio); *to bright* vuol dire *splendere* (è più forte di *to shine*): la risposta corretta è la D, poiché *to light* significa *accendere, illuminare*.

66 *By any chance* vuol dire *per caso*, quindi *possibilmente, forse*. La risposta giusta è la A.

67 *Due to* vuol dire *a causa di, per via di*; *depending on* (risposta A) vuol dire *a seconda di*; *in case of* (risposta C) vuol dire *in caso di, se*; *despite* (risposta D) significa *nonostante* (ma non ha senso dire che: nonostante lo sciopero generale i negozi resteranno chiusi tutto il giorno). La risposta giusta è la B, *owing to, a causa di*.

68 *Let's go Dutch* equivale a *paghiamo alla Romana*, cioè dividere la somma in parti uguali. La risposta giusta è dunque la D (*to split* significa *dividere*).

69 *To rise* (aumentare, crescere) è un verbo intransitivo. *To arise* e *to increase* ne sono sinonimi; i contrari sono *to decrease, to fall* e *to reduce*. Tuttavia, siccome *to rise* è un verbo intransitivo, il suo esatto contrario è un verbo a sua volta intransitivo, cioè *to fall*, non a caso si dice *the rise and fall of something* (l'ascesa e la caduta di qualcosa). La risposta corretta è la D.

70 In tutte le lingue del mondo, lo *zenith* è il punto più alto nel cielo raggiunto dal sole o dalla luna. Da questa definizione scientifica si può attribuire a *zenith* anche un significato più astratto e metaforico, tanto che in inglese si usa per indicare il momento di maggior successo nella vita di una persona, nella sua carriera ecc. *Peak* è il *picco*, la *cima*, l'*apice*, sinonimo di *summit*; *height* è l'*altezza*, e *success* significa appunto *successo*. La risposta corretta è la A: *depths* significa *profondità, fondo*, sinonimo di *nadir*, perfetto contrario di *zenith*.

4 | Cultura generale

La cultura generale e la logica sono quasi sempre oggetto di verifica negli esami di ammissione a facoltà di vario indirizzo, sia triennali sia specialistiche. I test vengono proposti anche in lingua straniera, soprattutto in inglese, anche in occasione di concorsi pubblici, esami di accesso a Master di primo e secondo livello, concorsi dell'Unione europea e delle organizzazioni internazionali (ONU, NATO, OCSE ecc.).

Per "cultura generale" si intende un bagaglio ampio di conoscenze legate alla storia dell'umanità ma anche al momento contingente, un insieme di informazioni, notizie, dati che si possono acquisire anche per interesse personale e costante aggiornamento sui fatti della contemporaneità e della quotidianità, attraverso la lettura di quotidiani, riviste più o meno di settore, l'ascolto di telegiornali, la consultazione di siti internet. I quotidiani, in particolare, ne sono il miglior strumento, dalle prime pagine dedicate alla politica interna ed estera, fino a quelle sulla cultura e gli spettacoli. Oltre alle materie storico-umanistiche, contribuiscono infatti alla propria cultura generale anche nozioni di economia, ordinamento giuridico, costumi e società, arti e avanzamenti scientifici e tecnologici.

Anche il funzionamento delle organizzazioni internazionali può essere oggetto di test, perché esse sono coinvolte, quando non direttamente responsabili, nei rapporti politici ed economici tra gli Stati (si pensi all'Unione europea, all'ONU, alla NATO e così via).

Gli esercizi che seguono sono suddivisi in due gruppi:

- cultura generale;
- organizzazioni internazionali.

4.1 | Esercizi

General knowledge

1 The Troubles in Northern Ireland were brought to an end in 1998 with the signing of what document?

A Anglo-Irish Treaty
B Agreement of the People
C The Good Friday Agreement o Belfast Agreement
D Trade and Cooperation Agreement

2 When did Elisabeth II become Queen?

A 1977
B 1952
C 1989
D 1946

3 How many Commissioners work in the European Commission?

A 27
B 24
C 21
D 15

4 **Which of the following is the recent fastest-growing economic Asian country in the world?**

A Japan
B India
C Taiwan
D Singapore

5 **The actual President of Turkey, AKP founder and leader, is:**

A Erbakan
B Ataturk
C Erdoğan
D Gül

6 **In which of the following countries is marriage between omosexuals not allowed?**

A Romania
B Portugal
C Spain
D Sweden

7 **The current Secretary-General of the United Nations is:**

A Butros Ghali
B Kofi Annan
C Ban Ki-moon
D António Guterres

8 **Jordan is run by:**

A King Abdullah II
B President Abdullah
C Queen Rania
D Hosni Mubarak

9 **Why is Iran having tension with the international community?**

A Because the government has decided to prohibit education to women
B Because the government has decided to rise the price of oil
C Because the government has decided to produce nuclear energy
D Because the government has decided not to sell oil to Western countries anymore

10 **In which European country is euthanasia forbidden?**

A Belgium
B The Netherlands
C Greece
D Egypt

11 **Who's the current President of the People's Republic of China?**

A Xi Jinping
B Shinzo Abe
C Akihito
D Hu Jintao

12 **Myanmar's Democracy leader and Nobel Peace Prize winner accused of discrimination against the Rohingyas is:**

- A Aung San Suu Kyi
- B Khin Kyi
- C Aung San
- D Benazir Bhutto

13 **The Nobel Prize in Physiology or Medicine 2018 was awarded to James P. Allison and Tasuku Honjo for their discovery of:**

- A cancer therapy by inhibition of negative immune regulation
- B nutrients for better brain functioning
- C new cognitive functions
- D inflammations that reduce liver function

14 **Why have people in Syria been protesting against President Al-Assad in 2011?**

- A They want political stability
- B They want freedom and democracy
- C They want better working condition
- D They want peace

15 **Which country started the popular uprisings sweeping through Arab states in 2011?**

- A Tunisia
- B Algeria
- C Egypt
- D Lybia

16 **How many countries are in the Euro area?**

- A 27
- B 16
- C 12
- D 19

17 **Steve Jobs, described as a visionary and creative genius, was founder and former CEO of:**

- A Sony
- B Apple
- C Microsoft
- D Walt Disney Company

18 **An e-book:**

- A is a readable computer
- B must have a printed equivalent
- C can be read on devices known as e-Readers
- D can consist either of text or of images

19 **What is the Sharia?**

- A The Islamic law derived from the Quran
- B The veil that Muslim women wear in public places
- C The Muslim war against the unfaithful
- D The Arabian law system

20 **Darfur is a region of:**

- **A** Egypt
- **B** Sudan
- **C** Niger
- **D** Congo

21 **Which of the following is a search engine?**

- **A** Google
- **B** Hotmail
- **C** Java
- **D** Microsoft

22 **Which is the most spoken language in the world?**

- **A** Chinese
- **B** English
- **C** Spanish
- **D** French

23 **A "joint-stock company" is what in Italy is called:**

- **A** società per azioni (SpA)
- **B** società a responsabilità limitata (SrL)
- **C** società con pubblica sottoscrizione di capitale
- **D** società in accomandita semplice

24 **The process according to which a given plant/animal/human being can be reproduced from its DNA is called:**

- **A** black hole
- **B** GMO
- **C** clonation
- **D** genetic code

25 **Where is Longitude 0°?**

- **A** Equator
- **B** North Pole
- **C** Tokyo (Japan)
- **D** Greenwich (England)

26 **Einstein's theory about the Relativity dates back to:**

- **A** 1925
- **B** 1954
- **C** 1895
- **D** 1905

27 **Which of the following newspapers/revues are published in the UK?**

- **A** «Science», «Time»
- **B** «The Washington Post», «The New York Times»
- **C** «The Times», «The Lancet»
- **D** «The Economist», «Vogue»

28 **Kiev is the capital city of:**

- A Belarus
- B Bulgaria
- C Ukraine
- D Azerbaijan

29 **What is the political regime of France?**

- A Federation
- B Parliamentary Republic
- C Semi-presidential Republic
- D Constitutional Monarchy

30 **Who wrote *For whom the bell tolls*?**

- A Ernest Hemingway
- B Francis Scott Fitzgerald
- C Vladimir Nabokov
- D Charles Dickens

31 **What did the Lumière brothers invented in 1895?**

- A The cinema
- B The radio
- C The television
- D The computer

32 **Andy Warhol is the main representative of:**

- A Dada
- B Dogma 95
- C Pop Art
- D Social Realism

33 **What was the name given to decades of political and cultural tension between the Western block and the Communist block?**

- A Hot war
- B Cold War
- C Iron curtain
- D The Wall

34 **The first test to use the concept of IQ, thus initiating the modern field of intelligence testing, was introduced by:**

- A Alfred Binet and Théodore Simon (1905)
- B Jean Piaget (1920)
- C Sigmund Freud (1899)
- D Noam Chomsky (1968)

35 **Which city was handed over to the People's Republic of China by the United Kingdom in 1997?**

- A Hong Kong
- B Singapore
- C Taiwan
- D Beijing

36 **The member countries of the NATO are:**
- A 11
- B 8
- C 61
- D 30

37 **The United Nation Security Council is composed of:**
- A the Chiefs of Government of all the member countries
- B USA, Russian Federation, United Kingdom, China, France
- C members nominated by the General Assembly
- D 5 permanent members and 10 non-permament members elected for two-year terms

38 **The United Nations was founded in:**
- A 1918
- B 1945
- C 1953
- D 1961

39 **Which international document is the UN human rights system based on?**
- A The Universal Declaration of Human Rights
- B The UNICEF Charter
- C The Universal Declaration on Cultural Diversity
- D The Convention on the Right of the Child

40 **Consider the following countries. Which is the last to join the EU?**
- A Croatia
- B Turkey
- C Slovenia
- D Bulgaria

41 **Which institution has the power to raise the cost of the euro?**
- A The European Central Bank
- B The European Commission
- C The European Parliament
- D The European Council

42 **Who wrote the present hymn of the European Union?**
- A Prokofiev
- B Beethoven
- C Mozart
- D Verdi

43 **The founding countries of the European Economic Community are:**
- A Belgium, France, Italy, United Kingdom, Germany, Luxembourg
- B Belgium, France, Italy, Germany, Luxembourg, Netherlands
- C Belgium, France, Luxembourg, Netherlands, Germany
- D Belgium, France, Luxembourg, United Kingdom, Germany, Italy

44 **Which European institution approves the EU's budget?**

- A The Council of the European Union (together with the Parliament)
- B The Commission (together with the Council of the European Union)
- C The Parliament (together with the European Council)
- D The Parliament (together with the Court of Auditors)

45 **The European Investment Bank is based in:**

- A Brussels
- B Luxembourg
- C Strasbourg
- D Frankfurt

46 **After the 2019 elections, the members of the European Parliament are:**

- A 605
- B 705
- C 751
- D 805

47 **According to the Treaty of Nice the president of the European Commission is nominated by:**

- A the governments of the members countries
- B the European Council
- C the Council of Ministers
- D the European Parliament

48 **What is the main task of Europol?**

- A To establish co-operation between the police, customs, immigration services and justice departments of the EU member states
- B To establish co-operation between the police, customs, immigration services and justice departments of the EU and those of third countries
- C To fix rules as to the immigration policy together with the Court of Justice
- D To establish a European action against immigration

49 **Which treaty established the European citizenship?**

- A The Treaty of Nice
- B The Treaty on European Union
- C The Treaty of Amsterdam
- D The Treaty of Rome

50 **Who's been in 2014-2019 the High Representative for the European Common Foreign and Security Policy?**

- A Nigel Farage
- B Angela Merkel
- C Jean-Claude Juncker
- D Federica Mogherini

51 **Which EU institution is based in Strasbourg?**

- A Court of Justice
- B European Central Bank
- C European Parliament
- D European Commission

52 **How many political groups are represented in the European Parliament?**

A 7 B 6 C 9 D 10

53 **When was the euro adopted as the official currency?**

- A 1st January 1990
- B 1st January 1999
- C 1st January 2002
- D 1st July 2002

54 **The Brexit is the ______ leaving the EU.**

- A London
- B England
- C Great Britain
- D United Kingdom

55 **For the EU member states, judgments of the European Court of Justice are:**

- A not binding
- B binding
- C binding if the Court so decides in the judgment in question
- D binding on some Member States but not on others

56 **The EU resources total ceiling is set as a percentage of:**

- A the GDP of the entire Union
- B the GNP of the entire Union
- C the VAT of the entire Union
- D the average of the GNP of each single country

57 **Which of the following funds isn't an EU structural fund?**

- A European Regional Development Fund
- B European Arts Fund
- C European Social Fund
- D Cohesion Fund

58 **The largest part of the budget of the European Union is spent on:**

- A administration
- B research and technology
- C structural funds
- D Common Agricultural Policy

59 **The European Council Presidency rotates every:**

A 6 months B 12 months C 4 years D 5 years

60 **What is the United Nations organization in charge with education, science and culture?**

A IMF B FAO C UNESCO D UNICEF

4.2 | Soluzioni e commenti

1 Nel contesto di risoluzione del conflitto, uno dei più importanti sviluppi del processo di pace in Irlanda del Nord è stato siglato a Belfast il 10 Aprile 1998 con l'accordo del Venerdì Santo (*Good Friday Agreement* o anche *Belfast Agreement*). Stabilendo una serie articolata di disposizioni relative a diversi ambiti, tra cui lo status e il sistema di governo dell'Irlanda del Nord nel Regno Unito, le relazione tra Irlanda del Nord e Repubblica d'Irlanda, e tra Repubblica d'Irlanda e Regno Unito, l'accordo regola altresì centrali questioni legate alla sovranità, ai diritti civili e culturali, al processo di smilitarizzazione, alla giustizia e alla polizia. La risposta esatta è la C.

Firmato invece a Londra il 6 dicembre 1921, fu il trattato anglo-irlandese, o *Anglo-Irish Treaty*. Questo aveva l'obiettivo di creare un dominio autonomo, noto come *Irish Free State*, all'interno dell'Impero britannico, e dell'Irlanda del Nord, ponendo di fatto fine alla guerra d'indipendenza irlandese.

Diversamente, il Patto del Popolo o *Agreement of the People* è un documento, relativo agli anni 1647-1649, che incorpora una serie di manifesti programmatici in cui si proposero modifiche costituzionali dello Stato inglese.

Infine, il *Trade and Cooperation Agreement* è un accordo commerciale concluso il 24 dicembre 2020 tra Unione europea, Euratom e Regno Unito, di cui fu prevista l'applicazione provvisoria subito dopo la fine del periodo di transizione per la Brexit, a fine dicembre 2020.

2 Elisabetta II (Londra, 21 aprile 1926) è la regina del Regno Unito di Gran Bretagna e Irlanda del Nord e dei Reami del Commonwealth (16 Nazioni indipendenti che, da ex colonie, riconoscono fedeltà al sovrano inglese che ricopre incarichi di rappresentanza). Primogenita del Duca di York, poi re Giorgio VI, e di sua moglie Elisabetta, prima Duchessa di York e poi regina consorte, viene proclamata erede al trono nel 1936, anno dell'abdicazione di suo zio Edoardo VIII. Quando nel 1952 muore suo padre, Elisabetta, ancora venticinquenne, diventa regina e viene incoronata il 2 giugno del 1953 nell'Abbazia di Westminster. La risposta esatta è la B.

3 La Commissione europea è l'organo esecutivo dell'Unione europea e una delle sue principali istituzioni È composta da un delegato per ogni Paese membro e a ciascun di questi chiede la massima indipendenza decisionale dal governo nazionale che lo ha indicato. Attualmente, e dopo l'uscita della Gran Bretagna dalla Ue, i Paesi membri della Commissione europea sono 27. La risposta giusta è la A.

4 Tra i Paesi asiatici interessati dal recente e sorprendente sviluppo economico spiccano in questi anni la Cina e l'India. Secondo il Fondo Monetario Europeo, le previsioni di crescita nel 2022 sono di 8,5 punti percentuali per l'India e di circa 6 per la Cina. La risposta esatta è perciò la B. Il Giappone è da tempo tra i Paesi più industrializzati del mondo, mentre Singapore e Taiwan sono ancora lontani dai livelli di espansione dei colossi Cina e India.

5 Il Presidente della Repubblica turca, in carica dal 2014, è l'ex Primo ministro e prima ancora ex sindaco di Istanbul Recep Tayyip Erdoğan, leader del partito della Giustizia e dello sviluppo (AKP). La risposta esatta è infatti la C. Erbakan (risposta A) è stato primo ministro fino al 1997. Kemal Ataturk (risposta B), padre dell'indipendenza turca e della Repubblica turca, fondò nel 1922 il CHP (Partito del Popolo). Abdullah Gül (risposta D) è invece il predecessore di Erdoğan, cioè l'undicesimo Presidente della Repubblica turca.

6 In diversi Paesi europei, come la Spagna, il Portogallo e la Svezia, è riconosciuto il matrimonio tra persone dello stesso sesso. Ne resta esclusa la Romania, dove non sono in vigore né le unioni civili né il matrimonio egualitario. A ottobre 2018 vi si è svolto un referendum per chiedere ai cittadini romeni di esprimersi sull'opportunità di rendere illegali i matrimoni omosessuali. Tuttavia, l'affluenza è stata minore del 30%, non è stato raggiunto il quorum e il referendum è stato annullato. La Romania è pertanto uno dei Paesi dell'Est Europa a non aver legiferato in materia. La risposta corretta è la A.

7 L'attuale segretario generale dell'ONU è il portoghese António Guterres, eletto il 1° gennaio 2017 (risposta D).

8 La Giordania è una monarchia costituzionale ed è governata dal re Abdullah II, marito di Rania di Giordania, sul trono dal 1999. La risposta esatta è la A.

9 La contesa che contrappone l'Iran alla Comunità internazionale riguarda la produzione di energia nucleare attraverso l'arricchimento dell'uranio, fase principale del ciclo produttivo del combustibile nucleare. Di per sé non proibito dal Trattato di non proliferazione del 1968 (TNP), questo processo genera nella Comunità internazionale, sin dal 2003, il timore che lo scopo sia la fabbricazione di ordigni nucleari e quindi sia solo ufficialmente civile. La risposta esatta è la C.
Sı chiamo Piano d'azione congiunto globale, in inglese *Joint Comprehensive Plan of Action*, l'accordo internazionale sul nucleare iraniano sull'energia nucleare in Iran che è stato raggiunto a Vienna il 14 luglio 2015 tra Iran, il P5+1 (i cinque membri permanenti del Consiglio di sicurezza delle Nazioni Unite - Cina, Francia, Russia, Regno Unito, Stati Uniti - più la Germania) e l'Unione europea.

10 In Belgio, in Olanda e in Svizzera l'eutanasia è tollerata se non consentita legalmente. L'Egitto non è un Paese europeo, quindi si può escludere facilmente la risposta D. La risposta corretta è la C.

11 L'attuale presidente della Repubblica cinese è Xi Jinping, risposta A. Shinzo Abe (risposta B) è il primo ministro del Giappone; Akihito (risposta C) è l'imperatore del Giappone; Hu Jintao (risposta D) è l'ex Presidente della Repubblica e Segretario generale del partito comunista cinese.

12 Aung San Suu Kyi è la politica birmana impegnata nella lotta per la difesa dei diritti umani; figlia di Aung San (risposta C), colui che preparò l'indipendenza della Birmania, divenne negli anni Ottanta leader del movimento non-violento e nel 1991 ricevette per questo il premio Nobel. La risposta esatta è la A. Khin Kyi (risposta B) era la madre di Aung San Suu Kyi, anch'ella una delle figure politiche di maggior rilievo in Birmania, ambasciatrice in India nel 1960. Benazir Bhutto (risposta D) è stata per due volte primo ministro del Paksitan; dopo l'esilio e il rientro in patria in vista delle elezioni dal febbraio del 2008, fu vittima di un attentato suicida nel dicembre 2007.

13 Il premio Nobel 2018 per la Medicina e la fisiologia è stato assegnato ai due ricercatori per i loro studi su una nuova terapia contro il cancro: la risposta al quesito è la A.

14 Le rivolte popolari scoppiate in Siria nella primavera del 2011, avevano come obiettivo quello di chiedere maggiore democrazia e libertà per il popolo, contro un regime dittatoriale e repressivo. La risposta corretta è la B.

15 Le sommosse popolari che hanno sconvolto lo scenario socio-politico del nord Africa, cominciate tra la fine del 2010 e l'inizio del 2011, dando vita alla cosiddetta Primavera araba, hanno avuto inizio in Tunisia, scatenando un'ondata rivoluzionaria estesasi sino alla Siria. La risposta corretta è la A.

16 L'Eurozona (o area dell'euro) è costituita dall'insieme dei Paesi membri dell'Unione europea che adottano l'euro come valuta ufficiale e formano pertanto l'Unione economica e monetaria europea. Ne fanno parte 19 Paesi (perciò non tutti i 27 Paesi membri), che sono: Belgio, Germania, Irlanda, Spagna, Francia, Italia, Lussemburgo, Olanda, Austria, Portogallo, Finlandia, Grecia, Slovenia, Cipro, Malta, Slovacchia, Estonia, Lettonia e Lituania. La risposta corretta è la D.

17 Steve Jobs è stato fondatore e amministratore delegato della Apple. La Sony (risposta A) e la Microsoft (risposta C) sono società concorrenti della Apple. Rispetto alla Walt Disney Company, Jobs è stato un membro del Consiglio di amministrazione. La risposta giusta è la B.

18 Per *e-book* si intende sia il formato digitale di un libro sia l'apparecchio elettronico che ne rende possibile la lettura. Non definisce un computer leggibile (risposta A), in quanto il lettore *e-book* non è un computer. In quanto formato digitale di un libro, non deve necessariamente avere un corrispettivo cartaceo (risposta B). Definisce un testo scritto (corredato o meno di immagini), ma non solo immagini (risposta D). La risposta al quesito è la C.

19 La *sharia* è la legge islamica alla quale si ispirano tutti i musulmani, derivata direttamente dal Corano: la risposta giusta è la A.

20 Situato nella parte occidentale del Paese, nel deserto del Sahara, il Darfur è una delle nove province storiche del Sudan. La risposta esatta è perciò la B.

21 Un motore di ricerca, come appunto Google, consente la ricerca immediata di siti sulla base di una frase o parola data. Hotmail è un sito di posta elettronica, Java è un programma, mentre Microsoft è la principale società informatica del mondo. La risposta giusta è la A.

22 La lingua più parlata al mondo, per quanto circoscritta geograficamente, è il cinese mandarino; segue l'inglese, l'hindi, lo spagnolo, l'arabo e il russo; il francese segue tali lingue. La risposta giusta è la A.

23 La risposta corretta è la A. La SrL può dirsi *unlimited* (o *liability*) *company*. Una società con pubblica sottoscrizione di capitale si chiama *public company*.

24 La risposta corretta è la C: la clonazione è infatti il processo, naturale o artificiale, che porta all'ottenimento di cellule, individui o geni, identici fra loro e detti appunto cloni. Sebbene il codice genetico possa trarre in inganno perché l'ambito scientifico è lo stesso, si può escludere considerando che non è un processo. Si possono facilmente escludere anche OGM (organismi geneticamente modificati), in quanto riferito a modificazione e non ripetizione, e buco nero, perché si riferisce all'ambito scientifico astronomico.

25 Il grado di longitudine zero è quello che passa per la città inglese di Greenwich; tale meridiano viene anche definito Greenwich Mean (o Meridian) Time, perché da quello si misurano i fusi, e quindi gli orari dei singoli Paesi: la risposta corretta è la D. L'Equatore corrisponde al parallelo zero.

26 La teoria sulla relatività fu elaborata dal fisico tedesco Albert Einstein nel 1905. Nel 2005 numerosi eventi in tutto il mondo scientifico ne hanno celebrato il primo centenario. La risposta esatta è la D.

27 Per rispondere alla domanda si può anche andare per esclusione. «Time» e «Science» sono riviste americane (la prima di attualità internazionale e politica; la seconda di scienza); lo stesso si può dire di «The Washington Post», «The New York Times» (considerati i titoli). «The Economist» è inglese, ma «Vogue» è americano. La risposta esatta è la C («The Timeless» è un autorevole quotidiano britannico, mentre «The Lancet» è una rivista inglese di medicina).

28 Kiev è la capitale dell'Ucraina, come Sofia lo è della Bulgaria, Minsk della Bieolorussia e Baku dell'Azerbaijan. La risposta corretta è la C.

29 La Repubblica francese è una repubblica semi-presidenziale, guidata da una capo di Stato (il Presidente) ma dotata anche di un capo di governo. L'Italia è una repubblica parlamentare, la Germania è una federazione, e il Regno Unito è una monarchia costituzionale parlamentare. La risposta corretta è la C.

30 *Per chi suona la campana* è la traduzione italiana del titolo del celebre romanzo sull'esperienza della guerra civile spagnola scritto da Hemingway. Fitzgerald è l'autore del *Grande Gatsby*; il russo Nabokov scrisse *Lolita* nel 1955, mentre Dickens è il romanziere del realismo inglese del XIX secolo. La risposta giusta è la A.

31 Nel 1895 i fratelli Lumière girano il famoso cortometraggio *L'arrivo di un treno alla stazione di La Ciotat*, che segna simbolicamente l'inizio della storia del cinema, anche se non fu il primo spettacolo pubblico a pagamento di cinematografo. La risposta giusta è la A.

32 Andy Warhol (1928-1987) è l'artista che più rappresenta la Pop Art americana, affermatasi intorno alla metà del Novecento. Il movimento Dada, il cui maggior esponente è Marcel Duchamp, la precede di qualche decennio; Dogma 95 è un movimento fondato nel 1995 da cineasti danesi, mentre il realismo socialista è la dottrina imposta a tutte le arti dal governo russo sovietico negli anni del comunismo. La risposta giusta è la **C**.

33 Gli anni di tensione tra i Paesi del blocco capitalista a guida statunitense e quelli del blocco socialista a guida russo-sovietica, compresi tra il 1947 e il crollo del muro di Berlino, sono noti come Guerra Fredda: risposta **B**.

34 Il primo test volto a misurare il quoziente intellettivo (QI) è stato elaborato da Binet e Simon nel 1905; Piaget effettuò una serie di interviste finalizzate alla standardizzazione dei test di Binet. Quanto a Freud, nel 1899 pubblicò *L'interpretazione dei sogni*; Chomsky, infine, pubblicò *Language and mind* nel 1968. La risposta corretta è la **A**.

35 La città sul suolo cinese divenuta indipendente dal Regno Unito nel 1997 è Hong Kong. La risposta giusta è la **A**.

36 Gli Stati membri della NATO (North Atlantic Treaty Organization) sono 30: Albania, Belgio, Bulgaria, Canada, Croazia, Danimarca, Estonia, Francia, Germania, Grecia, Islanda, Italia, Lettonia, Lituania, Lussemburgo, Macedonia del nord, Montenegro, Norvegia, Paesi Bassi, Polonia, Portogallo, Regno Unito, Repubblica Ceca, Romania, Slovenia, Slovacchia, Spagna, Stati Uniti, Turchia, Ungheria. La risposta esatta è la **D**.

37 Il Consiglio di Sicurezza dell'ONU si compone di 5 membri permanenti (ovvero i Paesi dichiarati vincitori del secondo conflitto mondiale, quindi Stati Uniti, Federazione Russa, Cina, Regno Unito e Francia) e 10 membri eletti per due anni. La risposta esatta è la **D**.

38 L'Organizzazione delle Nazioni Unite (ONU) è stata istituita all'indomani della seconda guerra mondiale, ovvero nel 1945. La risposta esatta è la **B**.

39 La prima fonte ONU sui diritti umani è la Dichiarazione Universale dei Diritti dell'Uomo, come proposto nella risposta **A**.

40 L'ultimo Paese ad aver fatto il proprio ingresso nell'Unione europea è la Croazia, nel 2013. La risposta corretta è la **A**.

41 L'istituzione comunitaria che attua la politica monetaria e pertanto ha facoltà di aumentare il costo dell'euro in modo indipendente e autonomo è la Banca centrale europea. La risposta esatta è la **A**.

42 L'inno dell'Unione europea, secondo quanto sancito dal Trattato sull'Unione europea firmato nel 1992, è l'*Inno alla Gioia* di Beethoven, tratto dalla Nona Sinfonia composta nel 1823. La risposta giusta è la **B**.

43 I Paesi fondatori della CEE sono sei: Belgio, Francia, Italia, Germania, Lussemburgo, Paesi Bassi. La risposta esatta è la **B**.

44 Il potere di bilancio, ovvero la facoltà di approvarlo, è esercitato dal Consiglio dell'Unione europea insieme al Parlamento europeo. Non si confonda il Consiglio europeo (ovvero l'incontro dei capi di Stato e di governo dei singoli Paesi) con il Consiglio dell'Unione, ovvero la riunione dei Ministri dei singoli Paesi. La risposta esatta è la **A**.

45 La Banca Europea per gli Investimenti (BEI) ha sede a Lussemburgo. La risposta esatta è la **B**. Bruxelles (risposta **A**) è la sede della Commissione e dei Comitati consultivi, Strasburgo (risposta **C**) è la sede principale del Parlamento, mentre Francoforte (risposta **D**) è la sede della Banca Centrale Europea (BCE).

46 Dopo le elezioni della primavera del 2019, nel Parlamento europeo, che rappresenta in totale circa 450 milioni di persone, si contano 705 membri, di cui 76 italiani. La risposta corretta è la **B**. Si faccia attenzione alla risposta **C**: 751 erano i membri del Parlamento europeo prima della Brexit.

47 Secondo quanto previsto dal trattato di Nizza, dal 2005, ovvero dalle votazioni dell'autunno 2004 per la nuova Commissione, il presidente della Commissione viene proposto dal Consiglio europeo a maggioranza qualificata, ed eletto dal Parlamento a maggioranza dei membri che lo compongono. La risposta esatta è la **B**.

48 Europol è l'agenzia istituita con l'obiettivo di favorire la cooperazione giudiziaria e la collaborazione tra la polizia, le dogane e i servizi di immigrazione dei Paesi membri dell'Unione. La risposta esatta è la **A**.

49 La cittadinanza europea è riconosciuta dal 1993, anno di entrata in vigore del Trattato sull'Unione europea. La risposta esatta è la **B**.

50 L'Alto Rappresentante per la Politica Estera e di Sicurezza Comune (PESC) nel quinquennio considerato è stata l'italiana Federica Mogherini: la risposta corretta è la **D**. Attualmente la carica è rivestita dal politico ed economista spagnolo Joseph Borrell Fontelles, il cui mandato inizia il 1 dicembre 2019.

51 Strasburgo è la sede principale delle sessioni del Parlamento europeo. La risposta esatta è la **C**. La Corte di giustizia (risposta **A**) ha sede a Lussemburgo, la BCE (risposta **B**) ha sede a Francoforte e la Commissione (risposta **D**) ha sede a Bruxelles.

52 Deputate e deputati al Parlamento europeo si riuniscono in gruppi politici, organizzati non per nazionalità ma per affinità politiche. Attualmente I i gruppi politici presenti nel Parlamento europeo sono 7 e ognuno di questi è composto da un numero minimo di 23 deputate e deputati e rappresenta almeno un quarto degli Stati membri. Nessun deputato può aderire a più di un gruppo.

La risposta esatta è la **B**.

53 L'euro è entrato in vigore come moneta ufficiale nel 1999, e risale al 2002 la sua circolazione fisica, dal primo gennaio accanto alle valute nazionali (risposta **C**) e dal primo luglio come moneta unica (risposta **D**). La risposta corretta è pertanto la **B**.

54 La Brexit è il processo che ha posto fine all'adesione del Regno Unito (Inghilterra, Scozia, Galles e Irlanda del Nord) all'Unione europea, formalmente annunciata dal governo britannico a marzo 2017. Dopo le elezioni generali del 2019, il Parlamento ha ratificato l'accordo di recesso e il Regno Unito è uscito dall'UE il 31 gennaio 2020, momento dopo il quale inizia il periodo di transizione che si è concluso il 31 dicembre 2020. La risposta esatta è la **D**.

55 Le sentenze emesse dalla Corte di Giustizia europea sono vincolanti per gli Stati membri dell'UE: la risposta corretta è la **B**.

56 Il tetto massimo delle risorse proprie dell'UE è stabilito in percentuale sul PNL dell'insieme dei Paesi che aderiscono all'Unione. La risposta corretta è la **B**.

57 La risposta corretta è la **B**: non esiste un fondo europeo con questo nome; i fondi strutturali in vigore sono: Fondo europeo di sviluppo regionale (risposta **A**), Fondo sociale europeo (risposta **C**), Fondo di Coesione (risposta **D**), Fondo europeo agricolo per lo sviluppo rurale, Fondo europeo per gli affari marittimi e la pesca.

58 Il budget dell'Unione è prevalentemente destinato alla PAC, ovvero la Politica Agricola Comune. La risposta corretta è la **D**.

59 La presidenza del Consiglio europeo è esercitata, su un sistema a rotazione, dagli Stati membri dell'UE a turni di sei mesi. Durante ciascun semestre, presiede le riunioni a tutti i livelli nell'ambito del Consiglio, e contribuisce a garantire la continuità dei lavori dell'UE in seno al Consiglio. La risposta esatta è la **A**.

60 Le istituzioni menzionate nelle quattro alternative operano tutte in seno alle Nazioni Unite: IMF (*International Monetary Fund*); FAO (*Food and Agriculture Organization*); UNESCO (*United Nations Educational, Scientific and Cultural Organization*) e UNICEF (*United Nations Children's Fund*). La risposta al quesito è la **C**: UNESCO (*United Nations Educational, Scientific and Cultural Organization*).

5 | Logica e test psicoattitudinali

Come accennato nel precedente capitolo sulla cultura generale, agli esami di ammissione a svariate facoltà capita di dover sostenere test di verifica delle capacità di ragionamento verbale e numerico, quindi di tipo "psicoattitudinale". Il superamento di simili prove in lingua viene richiesto sempre più spesso anche nei concorsi pubblici, nei test per l'accesso a Master di primo e secondo livello, nei concorsi dell'Unione europea e delle organizzazioni internazionali.

I test psicoattitudinali o di logica in lingua straniera consistono prevalentemente in problemi di natura logica e ragionamento, test di logica verbale e comprensione di brani.

5.1 | Problemi di natura logica e ragionamento

Tali quesiti hanno lo scopo di misurare le capacità logiche del candidato, più in particolare intendono valutarne l'attitudine a comprendere relazioni di causa ed effetto, a riconoscere categorie, a seguire accuratamente una sequenza complessa di affermazioni tra loro interdipendenti comprendendone le implicazioni, a distinguere ragionamenti coerenti da altri privi di fondamento.

Tutte queste sono facoltà generalmente utilizzate da una persona nella vita quotidiana, indipendentemente dal proprio campo di studi o dal proprio tipo di attività. Non è dunque richiesta alcuna conoscenza di logica formale né di nozioni specifiche.

Per prepararsi a test di questo genere è bene osservare le tipologie di esercizi solitamente utilizzate e comprenderne i procedimenti di risoluzione. Non ci sono, come si è detto, particolari nozioni teoriche da apprendere, ma è importante familiarizzare con la struttura degli esercizi e allenarsi a una loro rapida risoluzione.

Agli esercizi di ragionamento logico ne seguono alcuni di ragionamento puramente matematico.

5.1.1 | Esercizi

---

1 **In Bruno's pub there are some volleyball players and some basket players. The volleyball players are 20% of the total people. Some basket players leave and the people remaining in Bruno's pub are 50% of the original total. What is the ratio of the basket players leaving Bruno's pub to the total number of basket players?**

A 5/8 B 3/8 C 6/10 D 7/12 E 4/5

---

2 **30% is equivalent to:**

A 0,03 B 0,003 C 0,3 D 3 E 0,030

---

3 **Mary will pass a 50-item test if she guesses 70% of the answers. How many items can she miss to pass the test?**

A 12 B 15 C 18 D 20 E 10

4 **A printing house buys a printing machine for 42,000 dollars and a computer to process images for 7,000 dollars. What is the ratio of the price of the computer to that of the printing machine?**

(A) 1/3
(B) 1/42
(C) 42/7
(D) 1/6
(E) 4/3

5 **35 is 10% of:**

(A) 0,35
(B) 3,5
(C) 3/5
(D) 350
(E) 3500

6 **If g > f, d > e, h > f, and f > d, which of the following ratios must be true?**

I. g > h

II. h > e

III. g > d

(A) I only
(B) II only
(C) III only
(D) I and II
(E) II and III

7 **According to recent scientific research AZT can provoke a 2 year delay in the setting in of the illness in 55% of the seropositive patients who take it and has no side effects. This medicine should then be given to all the patients.**

All the following statements lessen the above reasoning but one. Which one?

(A) AZT causes the loss of sight
(B) Other medicines could provoke a 2 year delay in the setting in of the illness in more than 50% of the patients treated
(C) AZT is very expensive
(D) The patients who were given AZT got worse and worse and finally died

8 **Cipla, a Bombay manufacturer of generic drugs, announced it would make cheap copies of HIV medicines available to the world's poor. Instead of charging the western price of about $ 10,000 for an annual supply of triple-cocktail therapy, it would ask just $ 350. Tragically, this offer is unlikely to make much impact. Few, particularly in Africa, can rustle up the funds to pay for medicine, even at these knockdown prices. Outside big cities, many countries also lack the medical infrastructure to administer complex drugs.**

According to this passage:

(A) despite Cipla's cheap offer, most poor countries in the world are too poor to afford the expense
(B) Cipla's offer will make it go bankrupt
(C) the price of an annual supply of therapy will not be charged at all by Cipla
(D) Cipla's offer is actually still expensive to any medical infrastructure

9 **The tenth-of-a-point drop in the jobless rate is more a sign of weakness than of strength. When employers stop hiring, the number of people looking for jobs often slips, too, as word about fewer openings gets around. Last month, unemployment fell because nearly a half-million people dropped out of the labour force while the number with jobs went down by only a quarter-million.**

That left 6 million workers looking for jobs but unable to find them, compared with 6.2 million in April, when the unemployment rate was 4.5 percent.

According to this passage:

- A figures about employment not often show how people's attitude towards the labour market is actually affected
- B figures about employment show strength in the labour market
- C people fear that unemployment is going to increase because of the labour market's weakness
- D the number of employed people went down more than the number of those looking for a job

10 **On the new basis, April retail sales are estimated to have increased by 1.4 % compared to only 0.7% reported last month using the old system.**

Consumer confidence appears to have levelled off after falling sharply since last fall. Nevertheless, many analysts and policymakers remain concerned that consumers could decide to cutback on their purchases – perhaps as a result of rising job losses – to the point that it could tip the economy into a recession.

According to this passage:

- A purchases may be reduced because of rising job losses
- B consumers are reducing purchases less and less
- C unemployment may cause price increase and discourage consumers from buying
- D the rise of inflation caused a sudden cut to purchases

Read the passage and answer the following questions.

Boss, Weather, Spoon, River and Eye are film production companies. Each of them produces one of the following films: thriller, sentimental story, detective story, comedy and dramatic story (not necessarily in this order). They last 2 hours, 1.45 hours, 1.30 hours, 1.15 hours and 1 hour (not necessarily in this order). Furthermore:

- **Spoon produced the dramatic story;**
- **the comedy is the longest film;**
- **the film produced by River lasts more than the thriller only;**
- **the sentimental film produced by Boss lasts 1 hour and 30 minutes.**

11 **According to the information given, the detective story:**

- A lasts 1 hour and 45 minutes
- B was produced by Eye
- C lasts 1 hour and 15 minutes
- D was produced by Weather
- E lasts 1 hour

12 **According to the information given, which of the following is wrong?**

- A The dramatic story lasts 1 hour and 45 minutes
- B Maybe the comedy was produced by Eye
- C The detective story was produced by River
- D The thriller lasts more than the sentimental film
- E Only one of the previous statements is false

13 Which further information could help you find out who produced the thriller?

- (A) No further information is needed. The information given in the passage is sufficient to find the answer
- (B) The thriller doesn't last 1 hour and 45 minutes
- (C) Eye didn't produce the longest film
- (D) Weather didn't produce the film that lasts 1 hour and 45 minutes
- (E) Spoon produced the longest film

Read the passage and answer the following question.

Miriam runs faster than Geena, who runs faster than Florence only. Rachel runs faster than Jane and slower than Miriam only.

14 According to the information given, say which of the following statements is true.

- (A) Rachel runs the fastest
- (B) Jane runs faster than Geena
- (C) Florence doesn't run the slowest
- (D) Rachel runs faster than Miriam
- (E) Florence runs faster than Jane

Read the passage and answer the following questions.

The flight for Prague leaves two hours after the flight for Brussels, which leaves half an hour before the flight for Paris and one hour after the midday flight for Lisbon. The flight for Prague lasts 1 hour and 30 minutes, the one for Brussels lasts 1 hour, the one for Paris lasts 45 minutes and the one for Lisbon lasts 2 hours.

15 According to the information given, the flight for:

- (A) Paris leaves at 2.30 pm
- (B) Prague leaves at 3 pm
- (C) Brussels leaves at 2 pm
- (D) Lisbon is the last to leave
- (E) Paris leaves after the flight for Prague

16 According to the information given, what happens at 2 pm?

- (A) The flight for Prague leaves
- (B) The flight for Lisbon lands at destination after one hour
- (C) The flight for Paris lands at destination
- (D) Both the flight for Lisbon and the flight for Brussels land at destination
- (E) No one of the flights already left lands at destination

Read the passage and answer the following questions.

Three men (George, Paul and Victor) and three women (Eleanor, Lucy and Rose) go out to dinner. At the restaurant, they sit at a rectangular table: one person sits on each of the two head seats and two people sit on each of the longer sides of the table.

In addition:

- **Eleanor has taken seat on one head seat and Paul is sitting at her right side;**
- **Lucy is sitting in front of Rose and Victor is sitting on a longer side at her right side.**

17 According to the information given, George is sitting:

- A before Eleanor
- B at the right side of Rose
- C before Victor
- D at the left side of Eleanor

18 According to the information given, say which of the following statements is true.

- A Every woman is sitting before another woman
- B Every man is sitting between two women
- C Every man is sitting before a woman
- D The three women are sitting close to one another

Read the passage and answer the following questions.

Eight chess players - Anthony, Charles, Frank, Jack, Liam, Michael, Nick and Peter - meet for a single-elimination tournament. The first matches are held at four tables (numbered from 1 to 4). The first four winners meet as follows: table 1's winner plays with table 4's winner, table 2's winner plays with table 3's winner. The two winners will play the final match.

In addition:

- **Michael won the first match at table 4;**
- **Frank defeated Charles at table 2 but lost the following match against Nick;**
- **Anthony and Peter were eliminated after the first match but no one of them had played against Liam, who won the first match;**
- **the player who had defeated Jack at the first match played the final match and lost.**

19 According to the information given, who won the chess tournament?

- A Nick
- B Liam
- C Jack
- D Frank
- E Michael

20 Which further information would help you find out who was Michael's first opponent?

- A Charles didn't play against the one who would win the tournament
- B Jack didn't play against the one who would win the tournament
- C Frank is better than Michael
- D Peter didn't play against the one who would win the tournament
- E Liam lost the final match

5.1.2 | Soluzioni e commenti

1 Nel pub di Bruno si trovano giocatori di pallavolo (il 20% delle persone presenti) e giocatori di basket (l'80% delle persone presenti). Si ponga il totale delle persone uguale a x. Si può affermare che i giocatori di pallavolo sono 0,2x mentre quelli di basket 0,8x.

Alcuni giocatori di basket lasciano il pub (quelli di pallavolo rimangono tutti) e ora le persone all'interno del pub sono la metà di prima (cioè 0,5x). Quanti giocatori di basket sono andati via? La risposta si ricava facilmente considerando che i giocatori di basket che sono rimasti sono pari a: 0,5x - 0,2x = 0,3x

Se quindi inizialmente i giocatori di basket erano 0,8x, quelli che hanno lasciato il pub sono pari a 0,5x. Per ricavare la soluzione al problema basta risolvere la frazione $\frac{0,5}{0,8}$ che dà come risultato proprio $\frac{5}{8}$. La risposta corretta è quindi la **A**.

---

2 Convertito in numero decimale, 30% diventa 0,3. La risposta esatta è la **C**.

---

3 Il 70% di 50 è pari a 35. Per passare il test, Mary può quindi non rispondere al massimo a 15 domande. La risposta corretta è dunque fornita dall'alternativa **B**.

---

4 L'esercizio chiede di individuare il rapporto che esiste tra i prezzi dei due macchinari acquistati o, in altre parole, quante volte 7000 è contenuto in 42000, cioè 7/42 = 1/6. La risposta corretta è dunque la **D**.

---

5 Per ottenere il risultato basta moltiplicare 35 per 10; si ottiene 350, dunque la risposta giusta è la **D**.

---

6 Per risolvere l'esercizio conviene cercare di ordinare le relazioni proposte dal testo nel seguente modo:

$$\begin{array}{l} h > \\ g > f > d > e \end{array}$$

Si può dedurre che h > e e che g > d, ma non si è certi che g > h. La soluzione al quesito è, quindi, fornita dall'alternativa **E**.

---

7 La risposta esatta è la **D**. Infatti, l'argomentazione di partenza si compone di una constatazione ("Recenti scoperte scientifiche hanno mostrato che il farmaco AZT è in grado di ritardare di almeno due anni l'insorgere della malattia nel 55% dei pazienti sieropositivi che lo utilizzano") e di una conclusione ("È dunque opportuno che tale farmaco venga somministrato a tutti i pazienti"). La conclusione si basa dunque sull'efficacia del farmaco in quanto strumento per ritardare l'insorgenza della malattia. È solo contrastando l'efficacia farmacologica, e non il profilo economico del farmaco, che si indebolisce l'argomentazione. L'alternativa **C** avrebbe indebolito l'argomentazione di partenza solo se questa si fosse basata anche sulla convenienza economica del farmaco.

---

8 L'offerta della Cipla è stata pensata per i paesi poveri (*would make cheap copies of HIV medicines available to the world's poor*) e pur essendo estremamante vantaggiosa (nel testo si parla di *knockdown prices*), non è accettabile da parte di moltissimi (*Few, particularly in Africa, can rustle up the funds to pay for medicine*): la risposta esatta è la **A**. Il fatto che la Cipla fallirà può essere una deduzione, ma non trova riscontri nel testo: si escluda la risposta **B**; non è più addebitato il prezzo occidentale pari a $ 10.000, ma l'addebito è pari a $ 350 (*Instead of charging the western price of about $ 10.000 for an annual supply of triple-cocktail therapy, it would ask just $ 350*), quindi l'offerta non è gratuita: è sbagliata anche la risposta **C**. Infine, qualche infrastruttura nelle grandi città può accettare l'offerta (*Outside big cities, many countries also lack the medical infrastructure to administer complex drugs*): anche la risposta **D** è errata.

9 Il secondo e il terzo periodo del passaggio evidenziano l'argomento centrale: *When employers stop hiring, the number of people looking for jobs often slips, too, as word about fewer openings gets around. Last month, unemployment fell because nearly a half-million people dropped out of the labor force while the number with jobs went down by only a quarter-million*. In altre parole, dietro alle cifre che rivelano una riduzione nella disoccupazione c'è l'atteggiamento negativo assunto da chi, accortosi che i posti offerti diminuiscono, smette di cercar lavoro, riducendo quindi il numero dei disoccupati: dati questi presupposti, la disoccupazione si riduce perché coloro che si ritirano dal mercato del lavoro sono più di coloro che perdono effettivamente il posto di lavoro. Pertanto, le cifre possono ingannare, se non si analizza la realtà con attenzione: la risposta esatta è la A. Le risposte B e D esprimono concetti contrari a quelli espressi nel passaggio, mentre la risposta C introduce un concetto assente nel brano.

10 Dal passaggio si evince che i consumatori potrebbero ridurre gli acquisti (*consumers could decide to cutback on their purchases*); questo permette di escludere la risposta B. La causa, tuttavia, non è individuata né nell'aumento dei prezzi, né nell'aumento dell'inflazione (risposte C e D errate). La risposta corretta è la A: la disoccupazione crescente, anche se di poco, influisce tanto da indurre i consumatori a frenare gli acquisti: [...] *perhaps as a result of rising job losses.*

11 Per risolvere il quesito è utile riportare le informazioni del testo in una tabella con tre colonne, come la seguente:

Casa produzione cinematografica	Film	Durata

Così, se nella prima riga si possono inserire i dati relativi alla casa Spoon che ha prodotto il film drammatico, nella seconda si riportano i dati relativi al film commedia che dura due ore (essendo il più lungo):

Casa produzione cinematografica	Film	Durata
Spoon	drammatico	
	commedia	2 ore

La terza affermazione implica che il film dalla durata minore è il thriller (che dura quindi 1 ora), mentre il successivo, in termini di durata, è il film prodotto dalla River (che dura pertanto 1 ora e 15 minuti). Infine, il film sentimentale, prodotto dalla casa Boss, dura 1 ora e 30 minuti:

Casa produzione cinematografica	Film	Durata
Spoon	drammatico	
	commedia	2 ore
River		1 ora e 15 minuti
	thriller	1 ora
Boss	sentimentale	1 ora e 30 minuti

Per deduzione si possono quindi completare le colonne dei film e della durata:

Casa produzione cinematografica	Film	Durata
Spoon	drammatico	1 ora e 45 minuti
	commedia	2 ore
River	giallo	1 ora e 15 minuti
	thriller	1 ora
Boss	sentimentale	1 ora e 30 minuti

L'affermazione corretta riguardante il film giallo è, quindi, quella fornita dall'alternativa C (soluzione del quesito).

12 In base alla tabella costruita nel commento precedente, si osserva che il film drammatico dura effettivamente 1 ora e 45 minuti e che il film giallo è stato prodotto dalla casa cinematografica River. Dalla tabella non si ricava quale casa abbia effettivamente prodotto la commedia, ma certamente è una delle case mancanti, ovvero la Weather e la Eye. Le affermazioni A, B e C sono quindi corrette. È invece certamente errata l'alternativa D (soluzione del quesito) in quanto il thriller è il film che dura meno tra i cinque. Poiché la D è l'unica falsa, allora è vera (e non è la soluzione cercata) anche la E.

13 Il film thriller potrebbe essere stato prodotto o dalla casa cinematografica Eye o dalla Weather. Tra le alternative proposte, quella che consente di individuare con certezza la casa cinematografica del film è la C (soluzione del quesito). Infatti, se la Eye non ha prodotto il film che dura di più (la commedia), allora ha prodotto sicuramente il thriller.

14 Se Geena è più veloce solo di Florence, vuol dire che quest'ultima è la più lenta (e Geena è la seconda più lenta). Così, se Rachel è più lenta solo di Miriam, quest'ultima è la più veloce di tutte (seguita proprio da Rachel). Jane sarà la terza in ordine di velocità: Miriam > Rachel > Jane > Geena > Florence. L'alternativa B è quindi la soluzione del quesito.

15 Dal testo si sa che l'aereo per Lisbona parte alle 12.00 e un'ora dopo (alle 13.00) parte quello per Bruxelles. Quest'ultimo aereo parte mezz'ora prima di quello destinato a Parigi (che parte, quindi, alle 13.30) e due ore prima di quello diretto a Praga (che parte, quindi, alle 15.00). La B è la soluzione al quesito.

16 L'aereo per Lisbona parte alle 12.00 e, impiegando due ore per arrivare a destinazione, alle 14.00 giunge nella capitale portoghese. Alla stessa ora arriva anche l'aereo diretto a Bruxelles, che, partito alle 13.00, impiega un'ora per completare il proprio volo (D soluzione del quesito). Alle 14.00, invece, l'aereo per Parigi è ancora in volo (giungerà alle 14.15) e quello per Praga deve ancora decollare.

17 Provando a disegnare il tavolino seguendo la prima informazione, si può immaginare la situazione seguente:

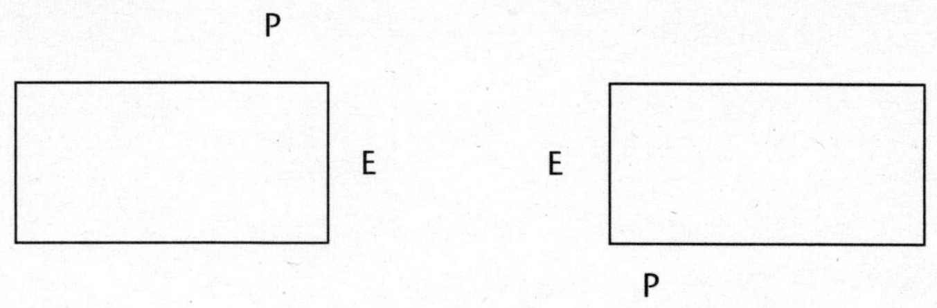

a seconda del lato corto in cui si sceglie di mettere Eleanor. Se Lucy ha di fronte Rose, allora le due donne devono stare sui due lati lunghi. Inoltre, avendo Victor (che non può sedersi sul lato corto) alla sua destra, Lucy dovrà stare nel lato opposto a Paul.

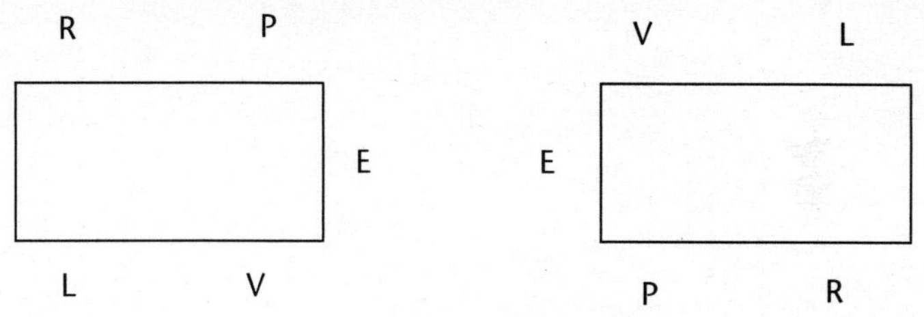

Nel posto vacante (di fronte a Eleanor) si siederà George (A soluzione del quesito).

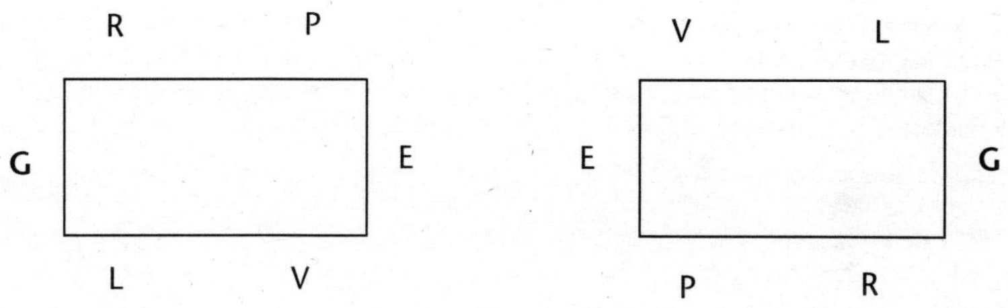

18 Osservando la disposizione delle sei persone, così come ricavata nel commento precedente, si osserva che non è vero che ogni donna ha di fronte un'altra donna, perché Eleanor è seduta davanti a George (alternativa A falsa). Non è neanche corretto supporre che ogni uomo abbia di fronte una donna, perché Paul e Victor sono seduti uno di fronte all'altro (alternativa C falsa), né tantomeno che le tre donne siano sedute una accanto all'altra (alternativa D falsa). Si può, invece, notare come a tavola le sei persone siano disposte in modo che ogni uomo sia seduto tra due donne e ogni donna tra due uomini (B soluzione del quesito).

19 Michael gioca la prima partita al tavolo 4 e vincendola sfida il vincitore del tavolo 1.

Frank batte Charles al tavolo 2 e, nella gara successiva, perde contro Nick, che quindi deve aver vinto la sua prima partita al tavolo 3 e che, vincendo anche la seconda partita, è uno dei due finalisti. Il quarto vincitore (quello del tavolo 1) è Liam (che ha battuto Jack, non avendo battuto né Charles, né tantomeno Anthony o Peter).

Si provi a rappresentare graficamente la situazione prospettata dal quesito nel seguente modo:

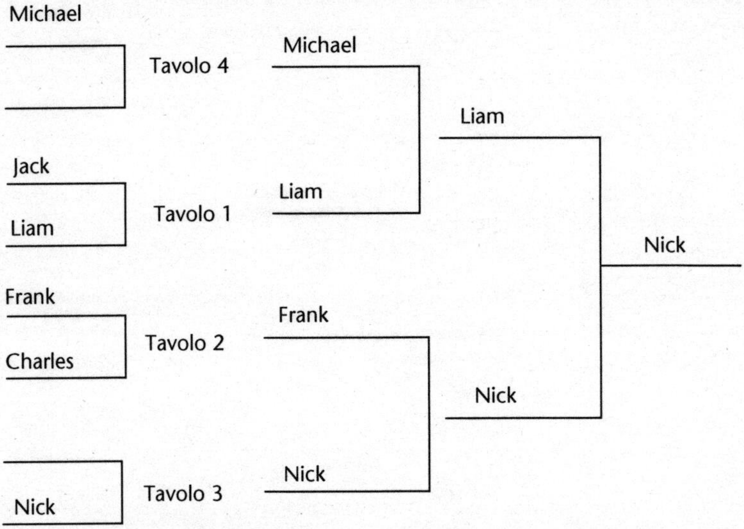

Liam, che ha battuto Jack, arriva in finale e quindi vince anche contro Michael, ma perde con Nick (infatti il giocatore che vince contro Jack arriva in finale ma perde). Il vincitore del torneo è, dunque, Nick (A soluzione del quesito).

---

20 Dallo schema costruito nel commento precedente si nota come non si riesca a determinare con certezza gli avversari di Nick e Michael nella prima partita, che possono essere o Peter o Antony. Tra le alternative proposte, l'unica che consente di arrivare con certezza a tale deduzione è la D (soluzione del quesito). Infatti, se Peter non è stato eliminato dal vincitore del torneo (cioè Nick), deve essere stato eliminato da Michael (mentre il primo avversario di Nick deve essere stato Anthony).

5.2 | Logica matematica

5.2.1 | Esercizi

1 **In a ten-car train, every single car has 11 sections. In each section there are 6 seats. If 132 seats are sold discounted, what percentage of seats are not discounted?**

- A 20%
- B 80%
- C 85%
- D 15%

---

2 **William is celebrating his wedding day in a restaurant. His 72 guests are sitting at 8 tables. No matter where they take seat, there will always be at least one table where only men are sitting. How many men - minimum number - are invited to William's wedding?**

- A 9
- B 63
- C 10
- D 64
- E 12

---

3 **A motorcyclist covers an uphill distance of 100 km at a speed of 30 kmh and then drives back downhill at a speed of 60 kmh. What is his average speed along the whole drive?**

- A 40 kmh
- B 45 kmh
- C 35 kmh
- D 50 kmh

---

4 **Pauline is working for Gamma and has just been offered a job by Beta. She presently gets a net monthly pay of 1,250 Euros for 13 months. If she worked for Beta she would get a gross monthly pay of 1,400 Euros for 14 months and a net productivity bonus of 900 Euros per year. Gross pay means that it needs cutting by 20%. Which of the following statements is true?**

- A Gamma's offer is more convenient to Pauline
- B Beta's offer is more convenient to Pauline
- C The two net pays are exactly the same
- D The information given doesn't allow to calculate the net pays
- E The net pay offered by Beta - productivity bonus excluded - is more convenient than the net pay offered by Gamma

---

5 **In bag 1 there are two red balls. In bag 2 there is one red ball and one blue ball. A boy draws at random one ball from bag 2 and, without looking at it, puts it into bag 1. Then the boy draws one red ball from bag 1. What it the probability that one of the remaining two is blue?**

- A 2/5
- B 2/3
- C 1/2
- D 3/5

6 **In ancient Rome 6000 workers were employed to build one aqueduct. Later, 8000 workers working at the same rate could build three aqueducts in 18 years. How long did it take the 6000 workers to build the first aqueduct?**

- A 8 years
- B 6 years
- C 10 years
- D 9 years

7 **The price of "Blue line" tiles is proportional to their surface. A "Blue line" square tile with a 14 cm side costs 12 Euros. How much is the discount for a "Blue line" square tile with a 20 cm side costing 21 Euros?**

- A Less than 10%
- B A little more than 15%
- C A little less than 12,5%
- D About 24%

8 **Which of the following numbers is smaller than 50 and greater than 30?**

- A 10
- B 60
- C 20
- D 40

9 **Which of these values are ordered from the smallest to the greatest?**

- A $\sqrt{30}$, 5, 6, $-|7|$
- B $-|7|$, 5, 6, $\sqrt{30}$
- C $-|7|$, 5, $\sqrt{30}$, 6
- D 5, $\sqrt{30}$, 6, $-|7|$

10 **1/3 of a number decreased by 6 is 0. Find the number.**

- A 18
- B 2
- C – 18
- D 6

11 **Every day John covers the distance from home to school as follows: 1/5 on foot; 2/3 by bus and 8 km by bike. How far is the school from John's house?**

A 90 km B 120 km C 60 km D 30 km E 45 km

12 **Claudia and Mauro go shopping. In the first shop Mauro spends 12 Euros, that is one quarter of Claudia's total expense in that shop. In the second shop Claudia spends three times as much as Mauro, who spends half the money spent by Claudia in the first shop. How much do Mauro and Claudia spend together?**

- A 196 Euros
- B 96 Euros
- C 180 Euros
- D 120 Euros
- E 156 Euros

13 **Fausto buys a washing machine for \$ 480 and a coffeepot for \$ 60. What is the ratio of the price of the coffeepot to that of the washing machine?**

A $\frac{1}{4}$ B $\frac{1}{48}$ C $\frac{48}{(6)}$ D $\frac{1}{(8)}$ E $\frac{4}{2}$

14 **In a group of 75 people there are 15 women. What is the percentage of men?**

A 30%
B 150%
C 20%
D 70%
E 80%

15 **A jeweller sells a watch with a 18% reduction on the price, that is a \$ 36 reduction. What was the price of the watch?**

A \$ 160
B \$ 210
C \$ 185
D \$ 200
E \$ 150

16 **If you invest \$ 4,000 for 4 months at an interest rate of 12% you will gain:**

A \$ 100
B \$ 160
C \$10
D \$ 320
E \$ 8.000

17 **The value of a historic motorbike increased by 30% from 1980 to 1985, but decreased by 20% from 1985 to 1990. What is the ratio of the value of the motorbike in 1990 to the value of the motorbike in 1980?**

A 90% B 100% C 104% D 110% E 124%

18 **If 30% of *x* is 210, then 75% of *x* is:**

A 47 B 158 C 525 D 560 E 700

19 **An insurer can sell 12 new policies a week. How long does it take him to sell 84 policies?**

A 5 weeks
B 8 weeks
C 7 weeks
D 1 month
E 32 days

20 **If $4x + 3y = 34$ ($0 < x$ and $y < 10$) then $10x + 6y$ is equal to:**

A 70
B 76
C 66
D 72
E 74

5.2.2 | Soluzioni e commenti

1 In totale i posti sono 660 (10 x 11 x 6), dei quali 132 rappresentano il 20% (basti pensare che 66 sono il 10, per cui 132, il suo doppio, è pari al 20%). I posti non offerti in promozione sono dunque l'80% del totale (B soluzione del quesito).

2 Se i tavoli sono da 8, vuol dire che gli ospiti di William occupano in tutto 9 tavoli. Se ci fossero almeno 9 donne (e quindi 63 uomini) William potrebbe metterne una per tavolo e quindi avere in ogni tavolo almeno una donna. Se invece c'è sempre almeno un tavolo con soli uomini, vuol dire che le donne sono meno di 9 e cioè che gli uomini sono almeno in 64 (D soluzione del quesito).

3 Per calcolare la velocità media è necessario conoscere lo spazio percorso e il tempo impiegato. Lo spazio è facilmente ricavabile perché è pari a 200 km (100 km all'andata e altrettanti al ritorno). Per avere il tempo, invece, si devono calcolare (e sommare poi tra loro) i singoli tempi di percorrenza della salita e della discesa. Sapendo che il tempo si ricava dalla seguente formula:

$$t = s/v \text{ dove } s = \text{spazio e } v = \text{velocità},$$

allora il tempo per la salita è pari a 100/30, cioè i 10/3 di un'ora, pari a 200 minuti (1/3 di un'ora sono 20 minuti, quindi i 10/3 corrispondono a 200 minuti), mentre quello per la discesa sarà la metà, cioè 100 minuti (infatti la velocità di discesa è il doppio rispetto a quella in salita, pertanto il tempo di percorrenza si dimezza). In totale, il tempo impiegato è quindi pari a 300 minuti, che corrispondono a 5 ore. Se il motociclista fa 200 km in 5 ore vuol dire che ogni ora percorre 40 km. La sua velocità media è, quindi, pari a 40 km/h (A soluzione del quesito).

4 Nell'azienda Gamma, Pauline percepisce un compenso netto pari a 1.250 euro per 13 mensilità, corrispondente a 16.250 euro l'anno (1.250 x 13). Nell'azienda Beta, il suo compenso lordo sarebbe pari a 1.400 x 14 = 19.600 euro; per ottenere il compenso netto occorre decurtare il 20% per le tasse dovute, cioè 3.920 euro. Il compenso netto risulta dunque pari a 15.680 euro a cui va sommato il premio netto pari a 900 euro per un totale di 16.580 euro. Si vede come il reddito netto annuo percepito nell'azienda Beta sia per Pauline più conveniente (B soluzione del quesito).

5 Si chiamino R1 e R2 le due palline rosse contenute nel primo sacchetto e R3 e B le due contenute nell'altro sacchetto. Dopo aver fatto le operazioni descritte nell'esercizio, se si estrae una pallina rossa ci si può trovare di fronte alle seguenti situazioni:

pallina estratta	palline rimaste
R1	R2 R3
R1	R2 B
R2	R1 R3
R2	R1 B
R3	R1 R2

Come si vede, i casi favorevoli, quelli in cui ci sia una pallina blu tra le due rimaste, sono 2 sui 5 casi possibili. La probabilità cercata è, quindi, pari a 2/5 (A soluzione del quesito).

6 Si provi a ragionare nel seguente modo:

numero lavoratori	:	acquedotti costruiti		anni necessari
8.000	->	3	->	18

quindi gli stessi 8.000 faranno un acquedotto ogni 6 anni:

numero lavoratori		acquedotti costruiti		anni necessari
8.000	->	1	->	6

Se i lavoratori sono 6.000 (cioè i 3/4 di 8.000) per fare lo stesso acquedotto avranno bisogno dei 4/3 del tempo impiegato dagli 8.000 (per capire questo ragionamento si pensi che se fossero stati la metà avrebbero avuto bisogno del doppio del tempo, se fossero stati 1/3 avrebbero avuto bisogno del triplo ecc.) e cioè 8 anni.

numero lavoratori		acquedotti costruiti		anni necessari
6.000	->	1	->	8

La **A** è la soluzione cercata.

---

7 La prima piastrella ha un'area pari a 196 cm^2 (14 x 14), mentre la seconda ha un'area pari a 400 cm^2 (20 x 20). La seconda piastrella dovrebbe, quindi, costare poco più del doppio di quella piccola e quindi poco più di 24 euro. Invece, viene venduta scontata a 21 euro, quindi con uno sconto pari a 3 euro che è 1/8 di 24, cioè il 12,5% circa. La soluzione è quindi la **C** (3 sarebbe il 12,5% di 24 e la piastrella dovrebbe costare poco più di quella cifra, quindi lo sconto è poco meno del 12,5%).

---

8 Tra i numeri proposti, l'unico inferiore a 50 e superiore a 30 è 40 e la soluzione al quesito è, quindi, la **D**.

---

9 All'interno del modulo, il numero ha segno positivo. Porre il segno "–" davanti, quindi, significa trasformarlo in negativo. Il valore $-|7|$ è, dunque, certamente il più piccolo tra quelli proposti. Il valore "5" è, a sua volta, certamente inferiore a $\sqrt{30}$ (infatti $5^2 = 25$), che a sua volta è inferiore a 6 ($6^2 = 36$). La **C** è la soluzione cercata.

---

10 L'esercizio afferma che 1/3 di un certo numero diminuito di una quantità pari a 6 è uguale a 0. Questo significa che 1/3 di tale numero corrisponde proprio a "6". Il numero cercato (che è quindi il triplo di 6) è quindi 18 e la soluzione la **A**.

---

11 Lo studente percorre a piedi e in autobus $\frac{1}{5} + \frac{2}{3} = \frac{3 + 10}{15} = \frac{13}{15}$ dell'intero tragitto. La parte rimanente ($1 - \frac{13}{15} = \frac{2}{15}$) viene percorsa in bicicletta. Poiché 2/15 della distanza tra l'abitazione e l'università sono pari a 8 chilometri, la distanza cercata è pari a $\frac{15}{2} \cdot 8 = 60$ km. Pertanto, la risposta corretta è la **C**.

---

12 Nel primo negozio Mauro spende 12 euro, mentre Claudia spende 4 volte tanto, ossia 12 x 4 = 48. Nel secondo negozio Mauro spende la metà di quanto Claudia ha speso nel primo negozio (cioè 48 : 2 = 24), che spende a sua volta il triplo di Mauro e quindi 24 x 3 = 72. In totale, i due hanno quindi speso: 12 + 48 + 24 + 72 = 156 euro. La soluzione al quesito è fornita dall'alternativa **E**.

---

13 L'esercizio chiede di individuare il rapporto tra 60 e 480, in altre parole, quante volte il numero 6 è contenuto in 48, cioè 6/48 = 1/8. La risposta corretta è dunque la **D**.

---

14 La percentuale di donne è uguale a 15/75 ossia 1/5 (20%); la percentuale di uomini è dunque pari a (100 – 20)% = 80% (risposta **E**). Analogamente, si può notare che il numero di uomini è 75 – 15 = 60, che corrisponde alla percentuale 60/75 = 4/5 = 80%.

15 In questo esercizio vengono forniti come dati del problema lo sconto e il tasso di sconto e viene richiesto di individuare il costo del bene. Per ottenere tale valore è sufficiente calcolare il rapporto sconto/tasso:

$$\text{costo} = \frac{\text{sconto}}{\text{tasso di sconto}} = \frac{36}{18\%} = \frac{36}{18} x 100 = 200$$ (risposta **D**).

Ignorando le formule, è possibile giungere alla soluzione anche ragionando sui dati forniti: se 36 dollari sono il 18% del valore, il 100% del valore si otterrà così: 36/18 · 100.

16 La risposta esatta è la **B**. Infatti, si ha che: 12% = 12/100; 4 mesi = 1/3 anno; applicando la formula si ottiene:
interesse = $ 4,000 · 12/100 · 1/3 = $ 160.

17 Si consideri come valore della motocicletta nel 1980 il numero $x = 100$. Nel 1985 il valore della motocicletta risulta incrementato del 30% rispetto alla valutazione del 1980: 100 + il 30% di 100 = 100 + 30 = 130.

Nel 1990 il valore della motocicletta risulta decrementato del 20% rispetto alla valutazione del 1985: 130 – il 20% di 130 = 130 – 26 = 104.

Pertanto, il valore della moto nel 1990 rispetto al valore nel 1980 è pari a:

$\frac{104}{100} = 104\%$ (risposta **C**).

Si noti che un valore che aumenta del 20% per poi diminuire ancora del 20% non torna ad assumere il suo valore originale.

18 Grazie al buon senso, è possibile eliminare le alternative **A** e **B**, dal momento che il valore da individuare (ossia il 75% di *x*) deve certamente essere superiore a 210 (che rappresenta il 30% di *x*). Il metodo più rapido per individuare la soluzione del problema è quello di considerare il 75% di *x* come 2 volte e mezza il 30% di *x*. Pertanto si ha: 75% di *x* = 210 · 2,5 = 525 (risposta **C**).

19 In questo caso, la proporzione da impostare è: 12 : 1 = 84 : x; da essa si ricava:
x = 84/12 = 7 settimane (risposta **C**).

20 Per risolvere l'esercizio conviene cercare le possibili soluzioni della prima equazione e vedere se le stesse risolvono anche la seconda dando uno dei valori proposti dalle alternative. Dalla prima equazione si ha che le soluzioni possibili possono essere le coppie: x = 4 e y = 6 oppure x = 7 e y = 2 (si deve escludere, infatti, x = 1 e y = 10 poiché x e y devono essere maggiori di 0 ma minori di 10). Sostituendo la prima coppia di valori nella seconda equazione si ha come risultato 76 (alternativa **B**), mentre sostituendo la seconda coppia il risultato è pari a 82 (non presente tra le alternative). La coppia di valori cercata è quindi la prima e la soluzione al quesito è rappresentata dall'alternativa **B**.

5.3 | Logica verbale

Si tratta di domande che intendono valutare la capacità di cogliere relazioni logiche esistenti tra vocaboli o categorie concettuali. Le tipologie di domande e il peso che queste assumono nelle diverse prove di ammissione variano a seconda delle facoltà e, in qualche caso, delle singole sedi universitarie; esse possono comprendere: analogie concettuali; parole da scartare; significato di parole; sinonimi e contrari; frasi da completare; esercizi di grammatica.

5.3.1 | Esercizi

Find the word that completes the proportion.

1 **Doctor : X = lawyer : Y**

- A X = client; Y = patient
- B X = patient; Y = legal action
- C X = dispute; Y = illness
- D X = patient; Y = client

2 **Cold : frozen = X : Y**

- A X = boiling; Y = warm
- B X = nice; Y = beautiful
- C X = awaited; Y = arrived
- D X = summer; Y = sun
- E X = worn-out; Y = tired

3 **To buy : to sell = to spend : x**

- A to receive
- B to save
- C to learn
- D to purchase
- E to read

4 **Subject : independent = X : Y**

- A X = simple; Y = easy
- B X = wet; Y = dry
- C X = warm; Y = summer
- D X = dependent; Y = employed

5 **X : often = little : Y**

- A X = Never; Y = much
- B X = Trivial; Y = precious
- C X = Sometimes; Y = frequent
- D X = Usual; Y = occasional
- E X = Seldom; Y = much

6 **X : to exhaust = Y : to compensate for**

- (A) X = To wear out; Y = to make up for
- (B) X = To tell off; Y = fix up
- (C) X = To wear; Y = to supply with
- (D) X = To get into; Y = get at
- (E) X = To put down; Y = to put up

Find the synonym of the word given.

7 **Wither**

- (A) Weather
- (B) Waiter
- (C) Whether
- (D) Wane
- (E) Weaker

8 **Seedy**

- (A) Runny
- (B) Swollen
- (C) Tired
- (D) Queasy
- (E) Dizzy

9 **To seem**

- (A) To appear
- (B) To taste
- (C) To smell
- (D) To watch
- (E) To sound

10 **Reappraisal**

- (A) Re-examination
- (B) Reprimand
- (C) Reproach
- (D) Reprisal
- (E) Rejection

Find the opposite of the word given.

11 **To yield**

- (A) To give up
- (B) To give in
- (C) To resist
- (D) To surrender
- (E) To hold

12 **Grimace**

- (A) Grin
- (B) Frown
- (C) Beam
- (D) Glare
- (E) Smirk

13 **Convict**

- (A) Accused
- (B) Invited
- (C) Sentenced
- (D) Tried
- (E) Acquitted

14 **Smooth**

(A) Regular (B) Even (C) Rough (D) Dirty

15 **Fair**

(A) Disloyal (B) Loyal (C) Honest (D) Rainy

16 **Noisy**

(A) Untidy (B) Large (C) Small (D) Quiet

17 **Early**

(A) Rarely (B) Soon (C) Spring (D) Late

Read the statement and answer the following question.

18 **When asked by the judge, Frank strongly denied that he had not refused to lie. According to this statement, say which of the following is true:**

- (A) Frank lied
- (B) Frank refused to lie
- (C) Frank told the truth
- (D) No one of the previous statements is true

19 **The sentence "No day goes without dispute" means that:**

- (A) not all days are peaceful
- (B) every day there is at least one dispute
- (C) every day there are many disputes
- (D) on some days you can live peacefully without dispute

20 **Which of the following statements is equivalent to: "Young people never forget anything"?**

- (A) Old people forget everything
- (B) Old people often forget
- (C) Those who forget nothing are young
- (D) Young people always remember everything

5.3.2 | Soluzioni e commenti

1 In questo caso non è possibile determinare una relazione precisa tra i due termini noti della proporzione. Conviene, dunque, cercare una relazione tra il primo termine dato e il primo termine di ciascuna delle alternative proposte. Una volta individuata tale relazione, bisogna verificare se il secondo termine dell'alternativa in esame presenta la stessa relazione con il secondo termine dato.

L'alternativa corretta è la **D**: il *paziente*, infatti, è *la persona che beneficia dei servizi del medico*, così come il *cliente* è *colui che usufruisce dei servizi dell'avvocato*. Si osservi che nell'alternativa **A** i termini proposti soddisferebbero la relazione della proporzione se non fossero presentati nell'ordine invertito.

Occorre fare attenzione non solo al tipo di relazione esistente tra i termini, ma anche all'ordine con cui questi sono collocati all'interno della proporzione.

2 La relazione tra i due termini dati (*cold* e *frozen*) è di un *grado di intensità differente*: *freddo* e *gelato* sono due aggettivi che esprimono il concetto di temperatura bassa, ma con un diverso grado di intensità (gelato è più intenso di freddo). Si osservi che, tra le alternative proposte, ne esistono tre che rispettano la relazione di *diverso grado di intensità*: la **A**, la **B** e la **E**. La **A** e la **E**, tuttavia, presentano i due termini in ordine inverso, ossia prima il più intenso e poi quello meno intenso. L'alternativa corretta è dunque la **B**.

3 I verbi della proporzione significano *comprare, vendere* e *spendere*. I primi due hanno un significato opposto, quindi il contrario di *spendere* è *risparmiare*: *to save*. La risposta esatta è quindi la **B**. *To receive, to learn, to purchase* e *to read* significano *ricevere, imparare, acquistare* e *leggere*.

4 *Subject* significa *dipendente* ed è quindi il contrario di *independent* (*libero, autonomo*). La relazione tra i termini noti della proporzione è dunque di opposizione/contrarietà. La risposta corretta è dunque la **B**: *wet* è infatti il contrario di *dry*.

5 La soluzione esatta è nel gioco di contrari che la relazione degli avverbi è chiamata a esprimere. L'alternativa **A** è errata in quanto *never* non ha un significato contrario a *often* (il contrario di *mai* è *sempre, always*). L'alternativa **B** può essere facilmente scartata, in quanto *banale* non ha alcuna relazione con *spesso*, così come *precious* non ha alcun nesso logico con *litlle*. L'alternativa **C** è invece da scartare in quanto, seppure *sometimes* rappresenti un possibile contrario di *often*, il termine *frequent* non è un avverbio e non ha alcuna relazione con *poco*. Infine, l'alternativa **D** è errata in quanto, benché *usual* e *occasional* siano caratterizzati da un significato opposto, *often* e *little* non presentano tale relazione; oltre a ciò, vi sarebbe anche un errato ordine di posizione dei termini. La risposta esatta è dunque la **E**: il contrario di *seldom* è infatti *spesso*, così come il contrario di *much* è *little*.

6 *Estenuare, stancare* (*to exhaust*) si dice *to wear out*; *compensare qualcosa* (*to compensate for*) corrisponde a *to make up for*: la risposta esatta è la **A**. I verbi della risposta **B** significano *rimproverare* e *fornire*; quelli della risposta **C** significano *indossare* e *fornire*; quelli della risposta **D** significano *salire, entrare* e *alludere a*; gli ultimi (**E**) significano *mettere per iscritto* o *posare* e *costruire*.

7 *Wither* è la forma base del verbo *to wither*: *appassire, sfiorire o indebolirsi*, riferito anche a una persona, a un rapporto, a un sentimento ecc. *Weather* (*tempo atmosferico*), *waiter* (*cameriere*), *whether* (*se*), sono parole simili a *wither* dal punto di vista ortografico, ma non hanno alcun legame di significato con essa. *Weaker* è legato semanticamente a *to wither*, proprio perché ne esprime brevemente il significato: *più debole*. Tuttavia, la risposta esatta è la **D**: *to wane* significa *indebolirsi, declinare, scemare* o *tramontare* in senso figurato.

8 Tutti questi aggettivi appartengono a un unico campo semantico: la salute fisica. *Seedy* significa *stanco, spossato, annoiato*, come *tired*. *Runny* significa *colante* (riferito a naso), *swollen* significa *gonfio*, *queasy* vuol dire *nauseabondo*, *dizzy* significa *barcollante, senza equilibrio*. La risposta corretta è la C.

9 Tutti i verbi riportati significano *sembrare*, ma in relazione al senso interessato: *to taste* (*assaggiare*) significa *sembrare al gusto*; *to smell* (*odorare*) significa *sembrare all'olfatto*; *to sound* significa *sembrare all'udito*. *To watch* significa *guardare*. *To seem* vuol dire sembrare in senso generico e il suo sinonimo è *to appear*: la risposta esatta è la A.

10 *Reappraisal* non ha niente a che fare con il *rimprovero*, la *sgridata* o il *biasimo* (*reprimand, reproach*): si possono escludere le soluzioni B e C. Lo stesso si può dire per *reprisal*, che significa *rappresaglia*. *Rejection* è il *rifiuto*, ma *reappraisal* significa *rivalutazione, riesame*: la risposta corretta è la A.

11 *To yield* significa *cedere, arrendersi*, come anche *to give in* e *to surrender*; *to give up* significa *rinunciare* a qualcosa, a un'attività svolta; *to hold*, oltre ai suoi vari significati, può voler dire *resistere*, ma nel tempo, con un'implicazione di durata, *durare*. La risposta corretta è la C.

12 *Grimace* è la *smorfia* fatta per noia, rabbia o disgusto. Tra i vocaboli che non traducono le espressioni rese con le labbra vi sono *frown* (*sguardo aggrottato*) e *glare* (*sguardo duro*, pieno di rabbia), che appunto coinvolgono gli occhi: si escludano le risposte B e D. *Grin* è un *sorrisone* di compiacimento; *smirk* è il *sorriso da superiore*: nessuno di questi vocaboli si oppone al significato di *smorfia*. La risposta corretta è la C: *beam* è un *gran sorriso* che esprime felicità o piacere.

13 *Convict* è il *condannato*, l'*accusato* ma anche colui che sconta una pena in prigione (dal verbo *to convict* che significa *riconoscere colpevole, condannare*). Si può escludere la risposta B che suggerisce un sinonimo di *convitato* (parola che, però, non si traduce *convict*). *Accused* significa *accusato*; *sentenced* è il *condannato*, colui contro il quale è stata emessa una *sentenza* (*sentence*); *tried* significa *processato* (da *trial, processo*). La risposta corretta è la E: *acquitted* significa *assolto, scagionato* da un'accusa.

14 *Smooth* significa *liscio, regolare*, come anche *regular* (A) e *even* (B). Il suo contrario è quindi *ruvido, rough*. La risposta giusta è la C.

15 *Fair* significa *chiaro*, ma anche *leale, corretto*. *Disloyal* (*sleale*) è il suo contrario, e A è quindi la risposta al quesito. *Loyal* (B) è sinonimo di *fair*, come anche *honest* (C).

16 *Noisy* significa *rumoroso*; il suo contrario è *quiet* (*tranquillo, quieto, calmo*), risposta D. *Untidy* (A) vuol dire *disordinato*, *large* (B) *grande* e *small* (C) *piccolo*.

17 *Early* è un avverbio e significa *presto*. *Rarely* (A) vuol dire *raramente*, *soon* (B) significa *presto*, *spring* (C) significa *corda, sorgente, primavera*. La risposta esatta è *late*, D.

18 L'affermazione *negò di non aver rifiutato* equivale a *ha rifiutato*. Dunque Frank ha rifiutato di affermare il falso (risposta corretta B). La A è dunque errata, così come è errata la C. Il fatto che Frank abbia rifiutato di dire il falso non equivale infatti a concludere che abbia affermato il vero. Potrebbe infatti essersi semplicemente limitato a non dire nulla.

19 Il senso della frase è che ogni giorno avviene almeno una discussione. Non è detto che ve ne sia più di una, ma almeno una. La risposta corretta è fornita dall'alternativa B.

20 Se una persona non dimentica nulla, significa che ricorda tutto. In altre parole, dimenticare e ricordare sono due condizioni opposte e comprensive di tutte le possibilità: chi non dimentica, infatti, ricorda, non esistendo una condizione intermedia. Se dunque i giovani non dimenticano mai nulla, ciò significa che essi ricordano sempre tutto. La risposta esatta è quindi la D. Le alternative A e B sono errate in quanto l'affermazione di partenza non dice nulla circa gli anziani. Non è pertanto immaginabile, senza informazioni ulteriori, che chi è anziano si trovi in una condizione opposta o simile rispetto a chi è giovane. L'alternativa C è errata in quanto confonde il legame di tipo insiemistico esistente fra *giovani* e *coloro che ricordano tutto*. Affermare che chi è giovane non dimentica mai nulla implica che l'insieme *giovani* sia sottoinsieme di *coloro che ricordano tutto* e non viceversa. In altre parole, il fatto che i giovani ricordino sempre tutto non equivale al fatto che chi ricorda tutto sia giovane. Potrebbero esservi anche anziani che ricordano tutto. Quest'ultima possibilità non contraddice infatti l'affermazione di partenza.

5.4 | Comprensione di brani

Al candidato viene chiesto di leggere un brano, inerente ad argomenti di diversa natura (medico-scientifica, letteraria, storica, filosofica, etica o di attualità), e di rispondere a uno o più quesiti che ne verificano la comprensione. Il testo proposto è generalmente tratto da un saggio, da un articolo di giornale o da un'opera letteraria (la fonte è solitamente indicata); la sua lunghezza varia da poche righe a una pagina. Le domande di questa tipologia (che, come di consueto, prevedono quattro-cinque alternative di cui una sola esatta) intendono valutare le capacità di assimilare i concetti, di cogliere il significato di quanto esposto in un testo e, soprattutto, di comprendere ciò che è possibile dedurre o che non è logico concludere sulla base delle informazioni contenute nel testo dato.

Si ricordano brevemente le **tipologie di domande** più frequenti.

- Quesiti relativi al **concetto centrale** del brano, come:
  - *The primary purpose of this passage is to…*
  - *The primary purpose of the author is to…*
  - *Which of the following could be the title of the passage?*
- Quesiti relativi a **specifici concetti o dettagli** riportati dal brano, come:
  - *According to the passage, is it true that… ?*
  - *The passage provides information that help to answer which of the following questions?*
  - *According to the passage, which of the following statements is correct ?*
  - *According to the passage all the following statements are correct except…*
- Quesiti che richiedono di identificare le **implicazioni** e **conseguenze logiche** di quanto affermato nel brano, come:
  - *If the passage were to continue, the next topic the author would discuss would must probably be…*
  - *It can be inferred from the passage that…*
  - *Which of the following statements could be inferred from the passage?*
  - *All the following statements could be inferred from the passage except…*

Non sono generalmente presenti domande relative al contesto del brano, come: natura del brano (storico, letterario, scientifico ecc.), nazionalità dell'autore eccetera.

Di seguito sono riportati alcuni brani di diversa lunghezza e argomento, seguiti dai relativi quesiti risolti e commentati.

5.4.1 | Esercizi proposti

Brano 1

If there is one thing that people on both sides of the cloning debate agree upon, it's that cloning is an incredibly inefficient process. When it comes to cloning animals, like Dolly and Snuppy, the process produces a healthy animal only a dismal 1-5% of the time. This hit-or-miss dilemma wouldn't matter much if producing identical animals were its only application, but cloning is also the foundation for one of the more promising ways that stem cells might be used to treat human disease with a patient's own cells. At this rate, even cloning's most ardent supporters agree that such a method won't be very reliable – or very realistic. If therapeutic cloning, as it is known, is to become a viable treatment option, then the first thing scientists need to do is boost the cloning technique's efficiency.

Researchers at University of Connecticut may have done just that. A report released in Nature Genetics Sunday by Xiangzhong Yang and Tao Cheng showed that by using a specific type of fully mature adult cell, they could improve the chances that they would produce a cloned embryo. Yang's team relied on the same technique that was used to create both Dolly and Snuppy, but instead of starting with cells that are still capable of dividing – like the mammary cell that created Dolly and the skin cell that became Snuppy – they used blood cells near the end of their life cycles that could no longer divide. It was these older, mature cells that produced more cloned embryos than the younger ones. "To our surprise, the fully differentiated cells were more efficient in producing cloned embryos," says Yang, a director of the University's Center for Regenerative Biology.

1 **According to the passage, which of the following statements is true?**

- (A) Those who stand for cloning think that it is an inefficient process
- (B) Those who stand for cloning think that it may be an efficient process
- (C) Cloning's supporters think that it is a reliable method
- (D) Cloning's supporters think that it is a realistic method

2 **According to the author cloning:**

- (A) consists only in producing identical animals
- (B) will be used to produce more perfect animals
- (C) is already used to clone human beings
- (D) will possibly allow stem cells to be used to treat human desease

3 **What did Yang's team use?**

- (A) Cells that can no longer divide
- (B) Cells that are still capable of dividing
- (C) Cells from Dolly
- (D) Cells from Snuppy

4 **Following the technique used by Yang's team:**

- (A) the mature cells produced more cloned embryos than the younger ones
- (B) the younger cells produced more cloned embryos than the mature ones
- (C) both the younger cells and the mature ones produced the same number of cloned embryos
- (D) neither mature cells nor younger ones produced cloned embryos

Brano 2

Although Chinese science is developing rapidly, as reflected in growing numbers of patent filings, the country's efforts to translate ideas into commercially successful innovations have so fare been disappointing. Many structural barriers stand in the way. They include an ivory tower approach to engineering education; weak links between universities and business; academic corruption; ineffective intellectual property protection; state-owned industries' domination of large markets and scarcity of venture capital funding.

Many of these handicaps are deep-seated and will require bold action to dislodge. But unless they are removed, China's determination to stamp its mark on standards risks turning into a distraction and at worst a blind alley.

5 **According to the passage China:**

- (A) has recently managed to turn ideas into commercially successful innovations
- (B) produced disappointing innovations
- (C) has not produced commercially successful innovations yet
- (D) makes no efforts to translate ideas into commercially successful innovations

6 **Chinese large markets are dominated by:**

- (A) venture capital funding
- (B) state-owned industries
- (C) foreign multinationals
- (D) universities

7 **According to the last sentence of the passage:**

- A China should work to remove the handicaps above mentioned
- B China may be able to stamp its mark on standards in any case
- C China is presently a blind alley
- D China's determination is not at risk

Brano 3

A perennial staple of high school English classes, *Romeo and Juliet* was written by Shakespeare at a relatively early juncture in his literary career, most probably in 1594 or 1595. During much of the twentieth century, critics tended to disparage this play in comparison to the four great tragedies that Shakespeare wrote in the first decade of the seventeenth century (*Hamlet*, *King Lear*, *Macbeth* and *Othello*). Appraised next to the Bard's mature works, *Romeo and Juliet* appears to lack the psychological depth and the structural complexity of Shakespeare's later tragedies. But over the past three decades or so, many scholars have altered this assessment, effectively upgrading its status within Shakespeare's canon. They have done this by discarding comparative evaluation and judging *Romeo and Juliet* as a work of art in its own right.

Viewed from this fresh perspective, Shakespeare's tragic drama of the "star-crossed" young lovers is seen to be an extraordinary work. Indeed, *Romeo and Juliet* was an experimental stage pièce at the time of its composition, featuring several radical departures from long-standing conventions. These innovative aspects of the play, moreover, reinforce and embellish its principal themes. The latter include the antithesis between love and hate, the correlative use of a light/dark polarity, the handling of time (as both theme and as structural element), and the prominent status accorded to Fortune and its expression in the dreams, omens and forebodings that presage its tragic conclusion.

8 **What did the scholars think about *Romeo and Juliet* in the first half of the XX century?**

- A They considered the tragedy to be one of the four Shakespeare's great tragedies
- B They did not consider the tragedy to be as "Shakespearean" as the others written in the early XVII century
- C They upgraded the tragedy within Shakespeare's canon
- D They downgraded the tragedy for the first time in history

9 **The author of the passage states that:**

- A *Romeo and Juliet* was quite an innovative tragedy
- B *Romeo and Juliet* is an innovative tragedy still today
- C *Romeo and Juliet* departed from long-standing conventions as much as the other tragedies from Shakespeare
- D To really understand *Romeo and Juliet* comparative evaluation must not be discarded

10 **According to the passage, which of the following elements is a structural element in the tragedy?**

- A The antithesis between love and hate
- B The use of a light/dark polarity
- C The handling of time
- D Fortune

Brano 4

Craig Venter, the man who led the privately funded project to sequence the human genome, is someone who likes to mix business with pleasure. And for a geneticist whose passion is sailing, there can be few more satisfying ways of doing so than sampling genes in the Sargasso sea, near Bermuda. The samples he took there last year yielded a surprise. The sea had looked as though it was the oceanic equivalent of a desert, bereft of nutrients, and with little life beyond the Sargassum weed that gives the sea its name. But when Dr Venter ran his samples through his newly developed method for sequencing the DNA of an entire environment, some 1.2m new genes turned up from an estimated 1,800 species of microbe previously unknown to science. An apparently empty sea was teaming with bacterial life.

Such newly discovered genes are the raw material for the infant, but rapidly developing field that makes useful chemicals via genetically modified organisms. It is part of what is known as industrial biotechnology, where cells from animals, plants and bacteria are used to generate industrially useful products. The Sargasso results, outlined last week to the World Congress on Industrial Biotechnology and Bioprocessing, in Orlando, Florida, by Dr Venter's colleague Karin Remington, suggest there are a lot of useful raw materials to be found.

Dr Venter's Institute for Biological Energy Alternatives, based in Rockville, Maryland, is now taking further samples from around the world. Although Dr Venter is turning such bioprospecting from a sport using a fishing line to one using a trawling net, looking for new bacteria is already a well-established activity. The business models of firms such as Diversa, a company based in San Diego, are centred on it.

Diversa is prospecting in hot springs, ocean beds, soda lakes and on the Arctic tundra. The genes it, and others, are looking for are instructions for producing proteins – many of which are natural catalysts inside living cells. By searching in wild and wonderful environments, microbiologists hope to find new genes that might be of use to investors and customers.

Many people now hope that this year's Orlando congress will become an annual event. They see industrial biotechnology as the wave of the future – a phenomenon that will eventually rock entire economies. Whether this is the case or not, in the shorter term it does seem likely that industrial biotechnology will shake up the chemical industry. And it may provide a route to a future less dependent on fossil fuels, and one that puts less climate-changing carbon dioxide into the atmosphere.

---

11 What does Craig Venter do in the Sargasso sea?

- **A** He likes spending his free time fishing
- **B** He carries out research on new genes
- **C** He samples sea animal species
- **D** He studies the way microbes live

---

12 Venter's method for sequencing the DNA revealed that:

- **A** estimates on the number of genes in nature were correct
- **B** millions of new genes are still to be discovered
- **C** in the Sargasso sea there are about 2,000 species of microbes already known to science
- **D** in the Sargasso sea bacterial life can reproduce rapidly

---

13 Biotechnology:

- **A** is an industry producing chemicals by using cells from living beings
- **B** needs microbiologists to sequence the DNA of sea environments only
- **C** was entirely brought up for discussion after the Sargasso results
- **D** gives rise to frequent dispute about ethics

---

14 The search for new genes:

- **A** is especially aimed to reduce fossil fuel dependance
- **B** is not going to have an important impact on economy
- **C** will enable to find out the instructions to produce better genes
- **D** may possibly upset the chemical industry

Brano 5

The debt crisis now affecting many developing countries had three causes: imprudent macroeconomic management and borrowing by the debtor countries; imprudent lending by the commercial banks; and the increase in the ex-ante real interest rate. The rise in the real interest rate to about 6 percent by 1982 increased the real interest burden on borrowers sixfold and completely changed the nature of the debt problem. Such an increase in the ex-ante rate over a protracted period had not been seen previously. In past debt crises, when loans were made at fixed interest, real interest rates would rise with deflation. But once the price level stabilized, the real interest burden would be higher only to the extent of the proportional decline in the price level. And it remained possible that inflation would reduce the burden in the future. In this crisis, the real interest rate has risen and stayed high for several years, and shows little signs of falling soon. Now inflation brings no automatic debt relief.

Fear of financial collapse in the United States was one of the main motivations for the original approach to the debt crisis. Interest receipts from debtor countries exceeded new loans in 1984, 1985, and 1986. The U.S. banks actually reduced their exposure in Latin America in 1985. In 1982, the nine large money center banks had over 250 percent of their capital in loans to developing countries; by mid 1986, the nine money center banks had sufficient equity and reserves to withstand even the complete loss of Latin American assets. Although banks have increased their loss provisions, they continue to carry developing country debt at face value. The active market in such debt prices at a significant discount.

The present strategy deals with the debt crisis by extending the effective maturity of the debt. Any method that reduces the current flow of resources from the debtor countries will help them grow in the short run. But further lending promises little in the way of a lasting solution to the debt problem. So long as real interest rates remain around 6 percent, debtor countries will have great difficulty growing out of their debt problem. There are now two choices. Either the piecemeal approach continues, or there is some form of debt relief. For four years, developing debtor countries have paid the price of low GNP growth and significant falls in real wages as they have made transfers to service their debt. Millions of residents of these countries are being kept at low levels of income for the sake of possible capital gains for bank shareholders. With sensible debt relief, countries and the multilateral institutions can begin to worry about growth-oriented development policies. This should be possible without increasing burdens on taxpayers in the industrialized countries.

15 In the passage, the author holds all of the following partly responsible for the current debt crisis *except*:

A the acquisitiveness of certain shareholders in banks

B high real interest rates prevailing since 1982

C a refusal by lending institutions to extend the debt maturity

D unwise decisions made by commercial lending institutions

E the failure of inflation to reduce the interest burden, as it had in past debt crisis

16 The passage provides information that helps to answer which of the following questions?

a) Did errors of economic management by developing countries contribute to the debt crisis?

b) Are measures currently being taken to extend the maturation period of developing countries' debts?

c) Does the active market place the same value on developing-country debt as the banks that hold the debt?

A a)

B b)

C a) and c)

D b) and c)

E a), b) and c)

17 Which of the following characterized "the original approach to the debt crisis"?

(A) An increased pressure on debtor countries to pay interest due on loans
(B) An increase in the percentage of their total capital large banks devoted to foreign loans
(C) A decrease in the insurance against loss of the nine large U.S. money center banks
(D) A reliance on inflating the value of foreign debt by bearing it at face value
(E) A decline in new loans and an increase in equity and reserves

18 If the passage were to continue, the next topic the author would discuss would must probably be:

(A) the various forms of debt relief available in the international sector
(B) a few options other than debt relief that might help solve the international debt crisis
(C) the reaction of international lending institutions to the idea of debt relief
(D) the realistic prospects for debtor countries if current policies continue
(E) the effect of the increase in U.S. bank loans to Latin America after 1984

19 The passage suggests that the current debt crisis differs from others in that the rise in the real interest rate:

a) has been partially cancelled by an increase in prices
b) didn't increase the real interest burden
c) is more extreme and long-lasting

(A) a)
(B) c)
(C) a) and b)
(D) a) and c)
(E) b) and c)

Brano 6

In 1943, astronomer Walter Baade obtained the first photographs of individual stars in the core of the spiral nebula in Andromeda. On the basis of these photographs, Baade proposed that stars could be classified into two groups on the basis of appearance and location.

The brightest members of what Baade termed Population I were hot, blue stars with surface temperatures of up to 30,000 degrees Kelvin and the brilliance of 100,000 suns. The brightest Population II stars were relatively cool and red, quite large, and 50 to 100 times fainter than Population I stars, with surface temperatures of only 3,000 to 4,000 degrees. Subsequent observations indicated that Population I stars occurred in the arms of Andromeda and other spiral galaxies, while Population II stars were most common between the arms, in the central regions of spiral galaxies, and in elliptical galaxies (which have no arms).

According to Baade, the two populations composed two distinct stellar age groups. Since the rate at which a star consumes its nuclear fuel is directly proportional to its luminosity or brightness, and luminosity increases very rapidly with an increase in mass, massive, bright stars burn much more quickly than small, dim stars. Baade thus proposed that the brightest and hottest Population I stars were probably very young, less than one million years old, while Population II stars were far older. This explained why Population I stars were found only in the spiral arms of galaxies, since these areas contain the interstellar gas and dust necessary for star formation.

Baade found support for this hypothesis in the distribution of so-called "red giants". It is believed that most of a star's hydrogen is consumed and converted to helium at its center. When the helium core comprises about one-tenth of a star's mass, the star becomes unstable and expands, while its surface cools. It becomes a red giant, a phase that may last many millions of years until the star consumes all the nuclear fuel in its center and disintegrates either in a single supernova explosion or in a series of nova outbursts. While Population I contains some red giants, most are found in Population II.

The chemical composition of red giants also supports Baade's conception. It is generally thought that all other elements gradually evolved from hydrogen as a result of nuclear reactions in stars. When a star undergoes an explosive death, it throws out the heavy elements it has produced. Thus, the dust and gas out of which new stars are produced has gradually become richer in heavier elements. Examination of the red giants in both populations has revealed that heavier elements such as calcium and iron are 100 times more abundant with respect to hydrogen in the Population I giants than they are in the Population II giants. Thus, Population II stars must have evolved out of material poor in heavier elements and can be presumed to be older.

While Baade's basic insight has been sustained, spectrographic analysis of stars in our own galaxy shows great variation in the concentration of heavy elements, so that the stars must be of assorted ages. Accordingly, in 1957, astronomers reclassified stars into five populations. Even these, however, are mainly a matter of convenience.

---

20 The primary purpose of this passage is to:

A explain how to determine the age of a star

B describe a system of stars classification and some of the evidence supporting it

C differentiate between Population I and Population II stars

D compare and evaluate competing theories of stellar evolution

E examine the importance of Walter Baade's contributions to astronomy

---

21 It can be inferred from the passage that if two stars are of equal mass but one is five times as bright as the other one, then:

A the life span of the brighter star is five times greater than that of the other one

B the brighter star has five times as much fuel to burn as the other one

C the brighter star must be a Population I star

D the stars must be members of different star's classes

E the life span of the fainter star is five times greater than that of the brighter star

---

22 According to the passage, Baade considered all of the following to be characteristics of Population I stars *except*:

A they are relatively young stars

B the brightest members are hot, blue stars

C they are found mainly between the arms of spiral galaxies

D they are 50 to 100 times brighter than Population II stars

E they have surface temperatures of up to 30,000 degrees Kelvin

---

23 According to the passage, when the core in which the hydrogen has been totally consumed amounts to approximately one tenth of a star's mass, then:

A the star will expand and its outer layer will cool

B its life as a normal star will end

C the star will disintegrate in a single, supernova explosion

D the star will throw out the heavy elements it has produced

E its classification will change from Population I to Population II

24 **Which of the following statements can be inferred from the passage as characteristic of red giants?**

a) They are all Population II stars

b) Each red giant is cooler than it once was

c) They all have a low percentage of heavy elements

A a)

B b)

C a) and b)

D a) and c)

E a), b) and c)

5.4.2 | Soluzioni e commenti

1 Dal primo paragrafo, o meglio, dal primo periodo, si evince che entrambe le parti in causa, sostenitori e non della clonazione, concordano che il metodo sia "incredibly inefficient". Alla fine del paragrafo viene ribadito che i sostenitori concordano che il metodo non potrà essere considerato molto affidabile o realistico così come è allo stato attuale. La risposta esatta è la A.

2 Nel brano viene chiaramente detto che la clonazione potrebbe consentire di utilizzare le cellule staminali di un individuo per curarne le malattie. La risposta esatta è la D.

3 La risposta esatta è la A; le cellule utilizzate nel caso di Dolly e di Snuppy presentavano le caratteristiche opposte a quelle utilizzate dal team di Yang, ovvero erano giovani e in grado ancora di diversi.

4 La risposta esatta è la A. Le cellule impiegate erano adulte, non più in grado di dividersi, e hanno dato migliori risultati delle cellule giovani.

5 La risposta esatta è la C: gli sforzi sinora compiuti si sono rivelati deludenti.

6 Nell'elenco degli *handicaps* viene chiaramente detto che i settori in mano al controllo statale dominano ampi mercati: la risposta esatta è la B.

7 Per rispondere al quesito è sufficiente anche solo conoscere il significato della parola *unless*, che introduce una condizione necessaria perché non si verifichi la previsione su cui si conclude il brano. Le risposte B, C e D non rispondono correttamente al quesito perché non traducono il senso della frase; pertanto, la risposta esatta è la A.

8 Nel primo paragrafo del brano l'autore spiega che la singolarità di *Romeo e Giulietta* ha indotto gli studiosi a considerarla atipica rispetto alle altre grandi tragedie di Shakespeare almeno sino agli ultimi tre decenni del XX secolo. La risposta esatta è la B.

9 Nel secondo paragrafo l'autore spiega come *Romeo e Giuletta* fosse un'opera sperimentale ai tempi della sua composizione, poiché si allontanava dalle tipiche convenzioni del genere. Quindi, la risposta esatta è la A.

10 Chiude il brano un elenco dei *principal themes*, tra cui *the handling of time*, che, tra parentesi, viene anche definita *structural element* della tragedia. La risposta corretta è la C.

11 Craig Venter unisce ai suoi studi di microbiologo la passione per il mare facendo ricerca nel Mar dei Sargassi (*... is someone who likes to mix business with pleasure. And for a geneticist whose passion is sailing, there can be few more satisfying ways of doing so than sampling genes in the Sargasso sea, near Bermuda*), dove effettua ricerche sui geni di batteri raccolti dall'acqua. La risposta esatta è la B.

12 Venter ha applicato agli organismi da lui estratti un sistema per la codificazione del DNA che ne ha rivelato l'assoluta novità per il mondo scientifico: *But when Dr Venter ran his samples through his newly developed method for sequencing the DNA of an entire environment, some 1.2m new genes turned up from an estimated 1,800 species of microbe previously unknown to science*. Questo dimostra che sono ancora migliaia le specie sconosciute (concetto contrario a quello espresso nella risposta C), e che milioni di geni, di conseguenza, restano ancora da codificare. La risposta esatta è quindi la B.

13 Dal secondo paragrafo si evince una spiegazione approssimativa, ma chiara, di cosa sono le biotecnologie: *It is part of what is known as industrial biotechnology, where cells from animals, plants and bacteria are used to generate industrially useful products*. La risposta corretta è la A. Non è vero che si rende necessaria esclusivamente la ricerca negli ambienti marini (risposta B), e lo dimostra la frase: *Diversa is prospecting in hot springs, ocean beds, soda lakes and on the Arctic tundra*. La risposta D, infine, suggerisce un concetto vero, ma non espresso nel testo.

14 La ricerca sui nuovi geni, che metterà gli scienziati in grado di identificare le "istruzioni" per produrre proteine (*The genes it, and others, are looking for are instructions for producing proteins*: la risposta C è errata) avrà un'importante ricaduta sul settore della ricerca e quindi chimico (*They see industrial biotechnology as the wave of the future - a phenomenon that will eventually rock entire economies. Whether this is the case or not, in the shorter term it does seem likely that industrial biotechnology will shake up the chemical industry*), per esempio nel campo della ricerca sui combustibili (*And it may provide a route to a future less dependent on fossil fuels, and one that puts less climate-changing carbon dioxide into the atmosphere*). L'obiettivo primario della ricerca non è quindi la riduzione della dipendenza dai combustibili fossili (risposta A), e le sue conseguenze principali saranno avvertite nel settore chimico: la risposta corretta è quindi la D.

15 La domanda chiede di individuare il *fattore che l'autore non ritiene responsabile* della crisi del debito attuale, fra quelli elencati. La risposta esatta è la C: all'inizio del terzo paragrafo, infatti, si afferma che l'estensione della scadenza del debito è la strategia attuale per risolvere la crisi, non una possibilità che le banche hanno rifiutato e che ha provocato la crisi.

16 La risposta esatta è la E. Il brano, infatti, fornisce una risposta a tutte e tre le domande:

"Gli errori di gestione economica da parte dei Paesi indebitati hanno contribuito alla crisi del debito?": la risposta è contenuta nel primo paragrafo del brano. "Sono in atto misure per estendere la scadenza del debito?": la risposta è contenuta nel terzo paragrafo. "Il mercato attivo assegna al debito dei Paesi in via di sviluppo lo stesso valore che assegnano le banche che ne detengono una quota?": la risposta è contenuta nelle ultime righe del secondo paragrafo.

17 La domanda fa riferimento al contenuto del secondo paragrafo del brano. In sintesi l'autore afferma che l'approccio originale al problema del debito fu caratterizzato dai seguenti avvenimenti: le banche americane cominciarono a ridurre i prestiti e ad aumentare le proprie riserve e il proprio capitale azionario per paura di una perdita totale delle attività in America Latina. La risposta esatta è pertanto la E. La risposta A è da escludere, in quanto nel paragrafo si afferma che il rimborso degli interessi era superiore all'ammontare di nuovi prestiti, ma questo non implica necessariamente che ci fu un aumento di pressione da parte delle banche per ottenere tale rimborso; anche le alternative B e C vanno scartate, dal momento che si afferma in modo esplicito che le banche diminuirono la loro esposizione nei confronti dell'America Latina e aumentarono le riserve a copertura di eventuali perdite; si deve infine escludere anche la risposta D, in quanto il brano afferma che le banche trattarono il debito al valore nominale (ultime righe del secondo paragrafo), ma ciò non significa che ne fecero una strategia per incrementarne il valore.

18 La domanda chiede di prevedere quale sarebbe il prossimo argomento se il brano continuasse. Per rispondere è necessario pensare al brano come se fosse una sequenza di passaggi logici, quali: le cause della crisi del debito (primo paragrafo); le reazioni alla crisi da parte dei creditori (secondo paragrafo); le ragioni per le quali l'approccio corrente alla crisi del debito non funziona (terzo paragrafo); il condono del debito come soluzione di lungo periodo (terzo paragrafo).

Come si osserva, il brano passa da una discussione generale delle cause della crisi del debito alla proposta di una particolare soluzione; in base alla sequenza logica degli argomenti dovrebbe continuare illustrando il concetto di condono del debito e le varie forme che esso può assumere. La risposta esatta è dunque la A.

Dal momento che alla fine del brano l'autore ha solo accennato al concetto di condono del debito, è improbabile che il brano continui presentando altre possibili soluzioni (il che esclude la risposta B); allo stesso modo, la discussione delle reazioni delle istituzioni internazionali al condono del debito dovrebbe logicamente seguire la spiegazione di che cos'è il condono del debito (che permette di escludere anche l'alternativa C); le prospettive dei Paesi debitori nel caso del mantenimento della politica corrente sono già state esaminate (terzo paragrafo), il che esclude anche la risposta D; infine, l'alternativa E propone un argomento che è in netta contraddizione con quanto detto nel secondo paragrafo del brano e va pertanto esclusa.

19 La domanda si riferisce al contenuto del primo paragrafo del brano. L'affermazione a) non è vera in quanto l'autore afferma che già negli anni passati l'inflazione aveva ridotto l'onere del debito, mentre adesso non ne procura più una riduzione automatica; ne segue che le risposte A, C e D sono certamente errate. Anche l'affermazione b) è falsa, in quanto l'autore afferma che l'onere reale del debito è cresciuto allo stesso modo del tasso di interesse reale; questo fa escludere le alternative C ed E. L'affermazione c) è invece vera: nel brano si afferma infatti che la crisi attuale è un evento assolutamente senza precedenti e destinato a durare nel tempo. La risposta esatta è dunque la B. Si raccomanda di non confondere le lettere che contraddistinguono le possibili risposte (A, B, C, D, E) con le lettere che contraddistinguono le affermazioni da verificare (a, b, c).

20 Lo scopo principale del brano deve essere sufficientemente generico da giustificare gran parte delle informazioni in esso contenute: ciò porta a escludere le alternative A, C ed E, che si riferiscono ad argomenti troppo particolari; la risposta D, invece, non è corretta, nel senso che il brano non presenta teorie che si contraddicono a vicenda; la risposta corretta è la B: tutte le informazioni contenute nel brano, infatti, fanno riferimento a un sistema di classificazione delle stelle e i paragrafi quarto e quinto presentano la relativa evidenza empirica.

21 Nel terzo paragrafo, l'autore afferma che la velocità con cui una stella consuma il suo combustibile nucleare è direttamente proporzionale alla sua luminosità; ne consegue che la durata del combustibile nucleare è inversamente proporzionale alla luminosità della stella; ma la durata del combustibile nucleare coincide con la durata della vita della stella stessa (paragrafi terzo e quarto). Ciò significa che, date due stelle di uguale massa, la stella meno luminosa è in grado di far durare il suo carburante nucleare più a lungo e quindi di vivere di più. Tale concetto è correttamente esposto nell'alternativa E, che è dunque la soluzione dell'esercizio. L'alternativa A va esclusa in quanto sostiene esattamente l'opposto, e cioè che la durata del carburante nucleare e la luminosità della stella sono direttamente proporzionali; l'alternativa B contraddice l'ipotesi che le due stelle abbiano la stessa massa, in quanto sostiene che la stella più luminosa ha più carburante nucleare (e quindi massa maggiore); le risposte C e D, infine, traggono conclusioni errate dal secondo paragrafo del brano: il fatto che le stelle della Popolazione I siano più luminose di quelle della Popolazione II non implica necessariamente che due stelle qualunque di diversa luminosità appartengano sicuramente a due Popolazoni diverse, e nemmeno che la stella più luminosa appartenga sicuramente alla Popolazione I (ci possono infatti essere stelle di diversa luminosità che appartengono alla stessa Popolazione).

22 La domanda chiede di individuare quale delle caratteristiche elencate *non* appartiene alle stelle della Popolazione I. L'alternativa A propone una caratteristica propria della Popolazione I, come afferma il brano nel terzo paragrafo; lo stesso vale per la risposta B (secondo paragrafo), D (secondo paragrafo) e E (secondo paragrafo). L'alternativa che propone una caratteristica che non appartiene alle stelle della Popolazione I è dunque la C (si veda il secondo paragrafo).

23 La domanda fa riferimento al quarto paragrafo. La risposta esatta è la A. L'alternativa B è da scartare poiché, come si legge all'inizio del brano, la fase "gigante rossa" dura molti milioni di anni, quindi la stella continua a vivere; le alternative C e D vanno scartate perché si riferiscono a fasi successive a quella "gigante rossa", caratterizzata dalle modificazioni descritte dal testo della domanda (paragrafi quarto e quinto); l'alternativa E, infine, va scartata perché, come si legge nelle ultime due righe del quarto paragrafo, la fase "gigante rossa" è tipica sia della popolazione I sia della Popolazione II.

24 Le informazioni sulla gigante rossa si trovano nel quarto e quinto paragrafo del brano. Dal momento che si è visto che la gigante rossa è tipica di entrambe le popolazioni, la frase a) è falsa, il che porta a escludere le risposte A, C, D e E; la risposta esatta è pertanto la B.

5.5 | Comprensione e ragionamento logico sui brani

Questa tipologia di esercizio caratterizza in special modo le prove selettive per l'accesso alla facoltà a numero chiuso in lingua inglese. Al candidato viene chiesto di leggere un breve brano di poche righe, generalmente tratto da un articolo di giornale, inerente ad argomenti di diversa natura (medico-scientifica, letteraria, storica, filosofica, etica o di attualità) e di rispondere a uno o più quesiti che ne verificano la comprensione stimolando il ragionamento logico. Le domande di questa tipologia (con quattro o cinque alternative di cui una sola corretta) intendono valutare le capacità di individuare conclusioni, premesse e fallacie del ragionamento, l'argomento oggetto del brano, le implicazioni logiche ecc.
Si ricordano brevemente le **tipologie di domande** più frequenti.

- *Which of the following can be inferred from the passage?*
- *According to the information given, say which of the following statements is true.*
- *What conclusion can you draw from the passage?*
- *The passage provides information that helps to answer which of the following questions?*
- *Which one of the following, if true, weakens this argument?*
- *Which is a sufficient condition for...*
- *Which one of the following identifies the flaw in this argument?*

5.5.1 | Esercizi proposti

Read the following passage and answer the following question.

1 **The Asian Development Bank (ADB) has cut its growth forecast for Asia for this year and next, as economic problems in Europe and the US hurt developing countries. "Deceleration in the region's two giants, the People's Republic of China and India, and in other major exporting economies is tempering earlier optimism," the ADB said. Manufacturing in China showed a contraction for the second month in a row, Japanese industrial companies have become more pessimistic on their prospects and South Korean exports have fallen.**

What conclusion can you draw from the passage?

- A Asian economy wouldn't face recession if Europe's and the US's economies grew
- B Asian economy will recover from recession as soon as China and India improve their economic conditions
- C Optimism about Asian economy may influence manufacturing in China
- D The Asian Development Bank stated that its growth forecast for Asia was being influenced by Europe and the USA
- E India, China, Japan and South Korea will soon be facing a serious contraction in manufacturing

2 **Smokers are being asked to give up smoking for 28 days from 1st October in the first mass quit attempt. "Stoptober", backed by Cancer Research UK and the British Heart Foundation, hopes a united effort will help many of England's eight million smokers to quit successfully. Research shows people who stop smoking for 28 days are five times more likely to stay smoke-free. It also shows mass movements and mass media campaigns can have a big impact.**

The passage provides information that helps to answer which of the following questions?

- A Can mass movements affect people's decisions?
- B How many researchers have been involved in studying the effects of tobacco?
- C How long does it take smokers to stop smoking?
- D What are smokers from around the world going to do in October?
- E Why are smokers being informed about the risks of smoking?

3 **The concept of adolescence goes back to the 1900s and the American psychologist G. Stanley Hall, who argued that the biological changes associated with puberty drove problematic behaviour. He described it as a period of "storm and stress" when young people demanded freedom but needed discipline.**

Which one of the following, if true, weakens this argument?

- A Young people demand freedom even though they don't live in slavery
- B Were there no biological changes during puberty, there wouldn't be any problematic behaviour
- C The more problematic the teen-ager is, the more biological changes he or she is undergoing
- D Discipline can't go without freedom
- E Problematic behaviour cannot always depend on biological changes only

4 **The world needs to do more to prepare for the impact of a rapidly ageing population, the UN has warned - particularly in developing countries. Within 10 years the number of people aged over 60 will pass one billion, a report by the UN Population Fund said. The demographic shift will present huge challenges to countries' welfare, pension and healthcare systems. The UN agency also said more had to be done to tackle "abuse, neglect and violence against older persons".**

Which one of the following is an underlying assumption of the above argument?

A Developing countries are the only to be concerned with ageing population

B Every single country in the world should find measures to cope with the population ageing

C The world is ready to face population ageing

D The developing countries called for the UN's intervention

E The population is ageing all over the world

5 **Karl Deisseroth has been conducting some extraordinary research. His technique, known as optogenetics, uses lights to switch specific neural pathways in the brain on or off. So far, he's shown that he can control the behaviour of mice via optical fibres implanted in the cortex. The possible applications for humans are stupendous. They could include cures for drug addiction and mental illness and a treatment for Parkinson's disease.**

Which one of the following best expresses the conclusion of this argument?

A It is impossible to control human behaviour

B Human behaviour control may be possible

C Optical fibres must be implanted in human brain to treat diseases and disorders

D Parkinson's disease cannot be treated

E Neural pathways in the brain are compromised by drug addiction

6 **How much do you and your doctor know about the drugs you take? This account suggests "not enough". Says Goldacre: "Drugs are tested by the people who manufacture them, in poorly designed trials, on hopelessly small numbers of weird, unrepresentative patients, and analysed using techniques that are flawed by design, in such a way that they exaggerate the benefits of treatments. Unsurprisingly, these trials tend to produce results that favour the manufacturer. When trials throw up results that companies don't like, they are perfectly entitled to hide them from doctors and patients, so we only ever see a distorted picture of any drug's true effects."**

Which is a sufficient condition for doctors and patients to know the real benefits of treatments?

A The results of any trials should be made public to doctors and patients

B Manufacturers should involve doctors and patients in drugs tests

C Trials should be better designed

D Manufacturers and doctors should work together

E Patients should call for better information

7 **Have you ever wondered what you look like to Amazon, Netflix and others? Here is the cold, hard truth: You are a very long row of numbers in a very, very large table. This row describes everything you've looked at, everything you've clicked on, and everything you've purchased on the site; the rest of the table represents the millions of other Amazon shoppers. Your row changes every time you enter the site, and it changes again with every action you take while you're there. That information in turn affects what you see on each page you visit and what e-mail and special offers you receive from the company.**

Which of the following can reliably be inferred from the above passage?

- A Internet shoppers are well aware they are numbers to companies
- B The row of numbers changes according to the offers received
- C Any of those who navigate the Internet are turned into useful information
- D Any of those who navigate trading websites like Amazon are turned into useful information
- E E-mails from the companies contains long rows of numbers

---

8 **America lacks the couture history of European nations, and, as a result, its fashion output has often been seen as more casual and less decadent, compared to collections from French and Italian design houses. That distinction was challenged in the fall of 1950, though, when designers unveiled clothing that had "taken on a quality of unmistakable elegance" which was also "unmistakably American," according to the Sept. 11, 1950 issue of LIFE.**

Which one of the following identifies the flaw in this argument?

- A It assumes that less decadent means less elegant but luxurious is not always the same as elegant
- B It ignores that most people prefer wearing casual clothes to wearing elegant clothes
- C The American design houses have always been inspired by European collections
- D French and Italian design houses are sometimes inspired by the American ones
- E American designers still linger behind European designers

---

9 **Some people crack their knuckles by pulling the tip of each finger one at a time until they hear a crack. Others make a tight fist or bend their fingers backwards away from the hand, cracking the lot at once. If you are one of those people who sits and cracks your knuckles while others wince, at some point somebody is bound to have told you that cracking your joints gives you arthritis. For some it's a nervous habit; for others the sensation brings relief. Depending on which research you read, between 25 and 54% of people do it, with men more likely to do so than women.**

Which one of the following is an assumption on which this argument depends?

- A Between 25% and 54% of people crack knuckles
- B Cracking knuckles is always a nervous habit
- C Cracking knuckles is a widespread habit
- D Men are more nervous than women
- E Cracking knuckles gives you arthritis

---

10 **About one in every 50 people are affected by obsessive compulsive disorder (OCD) at some point in their lives, one million people in the UK. OCD usually starts in the teens or early twenties affecting men and women equally. The severity of symptoms varies over time, and includes: recurring thoughts - 'obsessions' that make you anxious; repeating things you do over and over again - 'compulsions' that help you feel less anxious.**

The passage provides information that helps to answer which of the following questions?

- A What is the cause of anxiety?
- B Are there any people affected by OCD late in life?
- C What are compulsions caused by?
- D Who is mostly affected by OCD?
- E How is OCD treated?

5.5.2 | Soluzioni e commenti

1 La risposta esatta è la **A**: l'economia asiatica non sarebbe in recessione se le economie europea e americana crescessero, come si evince dalla seconda riga: *as economic problems in Europe and the US hurt developing countries*.

2 La risposta esatta è la **A**: i movimenti sociali possono influenzare le decisioni delle persone? Lo si legge nell'ultima riga del brano: *It also shows mass movements and mass media campaigns can have a big impact*.

3 La risposta esatta è la **D**: un comportamento problematico può non dipendere sempre dai soli cambiamenti biologici. In effetti, nel brano sembra che i problemi comportamentali degli adolescenti siano da attribuire soltanto ai cambiamenti fisici della pubertà.

4 La risposta esatta è la **E**: la popolazione sta invecchiando in tutto il mondo. La prima riga lo dice chiaramente: *The world needs to do more to prepare for the impact of a rapidly ageing population*.

5 La risposta esatta è la **B**: è possibile controllare il comportamento umano, come si evince dai concetti espressi a metà del brano: *So far, he's shown that he can control the behaviour of mice via optical fibres implanted in the cortex. The possible applications for humans are stupendous.*

6 La risposta esatta è la **A**: i risultati di qualunque test o esperimento dovrebbero essere resi pubblici a medici e pazienti. Solo in questo modo, infatti, si evitano considerazioni di parte o distorte degli effetti dei farmaci (*Unsurprisingly, these trials tend to produce results that favour the manufacturer. When trials throw up results that companies don't like, they are perfectly entitled to hide them from doctors and patients, so we only ever see a distorted picture of any drug's true effects*).

7 La risposta esatta è la **D**: chiunque navighi su siti commerciali come Amazon viene "tradotto" in informazioni utili, come si deduce sin dall'inizio del brano (*Have you ever wondered what you look like to Amazon, Netflix and others? Here is the cold, hard truth: You are a very long row of numbers in a very, very large table*).

8 La risposta esatta è la **A**: il testo suppone che meno "decadente" significhi meno elegante, ma lussuoso non è sempre sinonimo di elegante. Il testo sembra considerare, in effetti, sia il casual sia uno stile "decadente" lontani dall'idea di eleganza.

9 La risposta esatta è la **C**: schioccare le dita è un'abitudine diffusa. Le altre considerazioni sono arbitrarie o comunque non deducibili dal brano.

10 La risposta esatta è la **D**: chi è maggiormente colpito dal disturbo ossessivo-complusivo? La risposta è data nella prima riga, con ulteriori dettagli nelle frasi che seguono. Non si parla delle cause dell'ansia (**A**), delle cause delle ossessioni (**C**), né delle cure (**E**) e non viene specificato se il disturbo sopraggiunga in tarda età (**B**).